서울여자, 시골 선생님 되다

서울 여자, 시골 선생님 되다

초판 1쇄 발행 2012년 5월 29일
초판 3쇄 발행 2016년 11월 11일

지은이 조경선
펴낸이 김승희
펴낸곳 도서출판 살림터

기획 정광일
편집 조현주
북디자인 구화정 page9
인쇄·제본 (주)현문
종이 월드페이퍼(주)

주소 서울시 영등포구 양평로21가길 19 선유도 우림라이온스밸리 1차 B동 512호
전화 02-3141-6553
팩스 02-3141-6555
출판등록 2008년 3월 18일 제313-1990-12호
이메일 gwang80@hanmail.net
블로그 http://blog.naver.com/dkffk1020

ISBN 978-89-94445-24-3 03370

서울여자, 시골 선생님 되다

조경선 교육산문집

알림터

내 마음속 선생님에게

차례

2 저 찬란한 꽃들에게 들으라

3 좋아해요, 선생님

지금 내가 사는 고흥은 말하자면 '땅끝'이다. 태어나서 스물일곱이 될 때까지는 서울에서 살았다. 사람들은 묻는다. 어떻게 서울에서 살다가 고흥에 와서 살게 되었냐고, 서울에서 살다가 고흥에서 사니 답답하지 않으냐고, 어떻게 늦은 나이에 교사가 되었냐고. 고흥으로 온 지 15년이 흘렀고, 교사 8년차가 되었다. 다른 사람의 호기심에 답하기 위해서가 아니라 내 자신에게 묻기 위해 이 책을 썼다. 지금 교사로서 행복하게 살고 있느냐고, 고흥으로 왔을 때의 그 첫 마음을 지키며 살고 있느냐고 되돌아 묻는다.

서울에서 고흥으로 온 것은 대학 때 농촌활동을 다닌 경험 때문이었다. 경상북도 봉화와 고령으로 가서 농활을 하며 만난 사람들, 우리를 둘러싼 농촌의 현실, 그 속에서의 노동과 풍경들을 바라보며, 농촌으로 가야겠다고 결심했었다. 그리고 대학 졸업 후 전국농민회총연맹, 전농이라고 부르는 농민운동 단체에 들어가 교육 간사 일을 하며 농촌으로 갈 준비를 했다. 3년차가 되던 해에 전주에 교육 프로그램을 진행하러 갔다가 고흥 총각을 만나 연애했다. 그런데, 시부모님과 함께 살며 농사를 짓는 일은 시간이 갈수록 자신이 없어졌다.

고민 끝에 커브를 틀어 임용고사 준비를 해서 지금은 고흥에서 고 등학교 국어교사를 하고 있다. 답답할 사이도 없이 세월이 훅 지나가 버렸다. 혼자 있어도 하고 싶은 일이 많았다. 책을 읽고, 글을 끄적거 리는 일이 그러했다. 작년에는 그동안 써온 시 70편쯤을 묶어서 출판 사 다섯 군데에 보내보았는데 모두 퇴짜를 맞았다. 그리고, 7년간 국 어교사로 달려온 나를 바라보기 위해 산문을 썼다. 방학 동안 보충수 업을 하지 않고 집중할 수 있어서 가능했다.

나처럼 현실과 신념 사이에서 갈팡질팡하는 현장의 교사들이 읽어 주었으면 좋겠다. 시골에서 살고 싶은데 여전히 흔들리며 두리번거 리는 사람들이 읽고 동병상련을 느꼈으면 좋겠다. 무엇보다 국어선 생님들이나 예비 교사들이 읽어주면 좋겠다. 고흥에 와서 만난 아이 들과 선생님들을 비롯한 좋은 사람들, 그리고 여전히 그리운 서울의 벗들이 이 책을 통해 나를 예쁘게 기억해주었으면 좋겠다.

초등학교 1학년 때부터 대학 4년까지 만난 많은 선생님들 중에 좋 아했던 선생님들이 마음속에 있다. 그분들에게 이 책을 선물로 드릴 수 있다니 생각만 해도 행복하다. 그분들은 한결같이 따뜻했고, 나 의 가능성을 바라봐주셨다. 그리고 삶에 대한 상상력과 감성을 키울 수 있도록 안내해주셨다. 미처 이 책에는 쓰지 못했지만, 대학 때 현 대문학을 가르쳐주셨던 강영주 교수님도 '내 마음속 선생님' 중의 한 분이시다. 1920~30년대 역사소설을 알게 해주셨고, 역사와 현실을 노래한 현대 시인들을 소개해주셔서 그들의 시를 마음 깊이 읽게 하 셨다. 지금도 『임꺽정』을 쓴 벽초 홍명희를 연구하신다. 나긋나긋하시지만 강단지신 모습이 눈에 선하다. 나는 지금 대학 1학년, 선생님을 처음 보았을 때의 그 나이가 되어 문학을 가르치며 산다.

누구네 엄마에서 조 선생으로 불리는 교사가 되어 많은 선생님들을 만났다. 나이가 들면 저 분처럼 되고 싶다고 생각하게끔 해주시는 선생님도 계신다. 지역에서 교육운동을 하시는 선생님들도 마찬가지다. 그분들은 학생들과 동료 교사들을 존중하며 가르치는 삶을 사신다. 그리고, 나에게 '늘 그렇게 자리를 지키고 살라'고 마지막으로 당부해준 선생님이 계시다. 물론 교사라는 직업을 가져야만 '선생님'으로 부를 수 있는 것은 아니다. 그분의 말과 삶을 바라보며 배우고 있다면 모두 내가 좋아하는 선생님이다.

올해부터 토요일마다 소록도의 숲길을 고흥의 좋은 여자들과 걷고 있다. 그곳을 걷게 해준 간호사 언니는 지난번 함께 걷고 난 후 차를 마시는 자리에서 "꼭 인기 있는 교사가 되어야 하나요?"라고 질문했다. 모두에게 좋은 선생님이 될 수 없으며, 그럴 필요도 없는 것 같다. 학생들을 배움으로 안내하는 일의 교육적 성과는 단기간에 나타나지 않는다. 학생들이 이렇게 몸부림을 치며 대학을 가고, 졸업을 한다 해도 인생이 녹록지 않을 것이다. 정작 아이들이 살아가기 위해 배워야 할 것을 학교라는 곳이 가르치지도 못한다.

아이들을 존중하며 배움으로 이끄는 일이 늘 서투르다. 그러나 나의 문학수업 시간에 사람과 세상을 풍부하고 예리하게 바라볼 줄 아는 이성과 감성, 상상력을 가랑비에 옷 젖듯 체험했으면 좋겠다.

서울 여자, 시골 선생님 되다

학교에 국어교사실이 생겨서 국어선생님들과 같이 지내며 수업 준비를 한다. 모두 좋은 국어선생님들이지만, 그중에 김진 선생님이 정성껏 교정을 봐주셨다. 좋은 분이 '마음으로' 읽어주셔서 더없이 감사하다. 장주선 선생님도 '남도 선생이 된 서울댁'이라는 제목을 휙 써주셨다. 국어교사가 되고 싶어 하는 고3 혜영이와 다미가 '서울 여자, 유자꽃으로 피다'가 어떻겠냐고 한참 의견을 내고 갔다.

고흥과 서울의 가족들에게는 늘 미안하고 고맙다.

다시 나에게 묻는다. 그토록 간절히 오고 싶었던 농촌, 전라도의 끝 고흥, 그리고 학교. 그 숲길을 잘 걸어가고 있느냐고. 나의 열정이 어디에 쓰이고 있느냐고, 나와 학생들과 사람들을 불행하게 만들지는 않느냐고 되물어본다.

고흥에는 바다와 숲이 많다. 얼마 전 우리 학교 선생님들과 고흥의 천등산에 다녀왔다. 금탑사 뒤로 펼쳐진 비자나무 숲의 신비로운 자태에 모두 감탄했다.

황폐하고 우중충한 교육 현실 속에서도 사람의 학교에는 푸른 숲이 있다. 내가 만나야 할 아이들이 거기 있고, 함께 가르치고 배우는 좋은 선생님들이 숲지기로 함께 있다. 그래서 너무 좋다. 열정이 다하는 날까지 오래오래 이 숲을 걷고 싶다.

2012년 조경선,
고흥 유자꽃 피는 학교에서

1

그래서
교사가 되어버렸다

귀뜬 트는 여자

인생의 방향을 바꾸어놓는 선택의 순간은 바닥을 치고 찾아왔다. 서른이 되자 나는 '아무리 생각해도 이 길은 내 길이 아닌가 보다, 어떻게 살아야 할까'라는 질문에 부딪혔다. 서른이라는 나이는 자신의 한계를 긋고 그것을 인정하고 나아가지 않으면 안 되는 시간이었나 보다. 편두통을 앓는 시간이었다. 로버트 프로스트의 「가지 않은 길」이라는 시 속의 "노란 숲 속에 길이 두 갈래로 났었습니다."라는 구절처럼 대학을 졸업하자 두 갈래의 길이 내 앞에 있었다. 그리고, 젊은 날 소박한 생각에 '풀이 더 있고 사람이 걸은 자취가 적은' 길을 선택한다며 농촌으로 왔다.

아, 나는 다음 날을 위하여 한 길은 남겨두었습니다.

서울 여자, 시골 선생님 되다

그런데, 남겨둔 그 길을 찾아가고 싶어졌다. 그 길은 내가 좀 더 잘 걸어갈 수 있을 것 같은 생각이 들었다. 아무리 의미 있는 길이라도 발목이 붓거나 저려 어디로 가야 할지 방향을 알지 못할 때는 갈 수 없는 길이라는 생각이 들었다. 막막한 인생 앞에 서서 주저앉지 않으려고 길을 되돌아 나왔다. 가지 않고 남겨둔 그 길을 찾아가고 싶었다. 길은 길에 연하여 끝없으므로…….

어느 날, 전화 한 통이 걸려 왔다.

"국어교육과 나오셨죠? 저희 중학교에서 급하게 국어 기간제 교사를 구하는데요, 해주실 수 있으신지요?"

그때 나는 둘째 아이를 낳은 지 얼마 안 되었는데, 농사짓는 것으로 먹고살 수 있을지를 걱정해야 했다. 내 스스로 경제적 자립을 하지 못했기 때문에 겪는 답답함도 컸다. 농업에 대한 깊은 애정을 가지면서 농사와 관련된 정보를 챙기고, 자연의 섭리에 순응하며 농사를 본업으로 할 수 있을지 자신이 없었다. 더군다나 농민들의 삶을 대변해 여성농민운동을 할 수 있을지 밑그림이 그려지지 않았다. 다시 돌아나가야겠다고 생각했다. 농사를 지으며 시부모님과 사는 일은 접기로 했다. 그렇게 외딴길에서 커브 틀어 돌아 나왔다.

대도시 아파트 문화권에서 별다른 고생도 없이 자라 어리숙한 내가 농촌으로 오게 된 것은 대학 시절 농촌활동 때문이었다. 방학 때마다 경북 봉화와 고령으로 농활을 가서 만난 사람들은 나에게 건강하고

18

의미 있게 사는 삶이 있다는 것을 몸으로 가르쳐주었다.

커다란 담뱃잎 밭에서 땀 흘리며 일하던 일, 하우스에서 수박을 나르다가 낫으로 잘라 먹던 일, 반딧불이가 춤을 추던 밤길을 따라 농가를 방문해 농활신문을 나누던 일들…… 그때가 1990년대 초였다. 일하는 사람들의 열망과 힘으로 역사가 진보해야 한다는 믿음을 가지던 그 청춘의 때였다.

교원임용고사를 보고, 도시에서 교사 생활을 하며 삶에 안주하기보다는 좀 더 낮은 곳에 가서 의미 있게 살면 좋지 않을까 생각했다. 그래서 대학 졸업 후 발걸음을 농촌으로 옮겼다. 전국농민회총연맹(전농)이라는 농민운동단체에서 3년 동안 교육문화 간사를 한 뒤 고흥 총각을 만나 농촌으로 왔다. 농사라는 게 뭔지도 모르는데다가 게으르고 이기적인 서울 여자가 살기에 농촌은 그리 만만하지 않을 거라고 사람들은 조언했고, 나를 아는 모든 사람들은 반대했다.

큰딸이어서 더 많이 기대했다는 엄마는 끝까지 눈물을 많이 보이셨고, 고흥이라는 낯설고 먼 곳으로 가서 산다는 일방적인 결정에 섭섭함을 감추지 않으셨다. 부지런하고 깔끔한 엄마의 살림솜씨와 지원 덕분에 고생 한번 없이 공부만 했었던 큰딸이었는데 농촌으로 시집가서 농사를 지으며 살겠다고 한 것이 큰 상실감을 주었다고 한다.

그렇게 농촌으로 와서도 교육 관련 일에 엮이었다. 일부러 작정하고 시작한 일은 아니었지만 어느 사이에 마을 공부방을 만들어 동네 아이들과 공부를 하게 되었고, 다음 해엔 근처 중학교 기간제 교사로 아이들을 가르치게 되었다.

세월이 흘러 나처럼 조금은 다른 길을 선택한 사람도 있지만, 여전히 그 길을 묵묵히 살아가는 사람들이 전국 방방곡곡에 있다. 그들에 대한 미안한 마음을 버릴 수 없다. 내가 지금도 가장 좋아하고 존경하는 여자들은 여성농민회, 그녀들이다.

그러나 길은 돌아서 결국 다른 길로 이어진다고 조언해주는 사람과 교사라는 직업이 너한테 잘 어울리는 일이니 열심히 하라고 나직하게 말해준 사람, 남편과 가족의 배려와 전남 교육계에 계신 고마운 몇 분들의 도움이 있어 누구네 엄마로 불리던 나는 시골 고등학교의 늦깎이 교사가 되었다.

생각해보면, 90학번인 나만 해도 대학 졸업 후 청년실업자가 되란 법은 없던 시절을 살았다. 새삼 요새 20대들이 졸업 후 얼마나 진로와 취업의 고통을 겪는지 비교가 된다. 그렇게 대학 수업은 뒷전이었어도 졸업장을 받는 데 문제가 없었고, 학보사와 학생회 활동을 하면서도 학생 기자와 학생회 간부라 해서 학교에서 주는 장학금을 받았었다. 그리고 사대 졸업과 동시에 2급 정교사 자격증을 받는 데도 어려움이 없었다. 그 자격증 한 장이 뭐라고 돌고 돌아 다시 교사의 길을 가게 한다. 나의 그 종잇조각 같은 자격증을 빌려 학원을 차린 사람도 있었고, 그것이 있어 기간제 교사를 하고, 교원임용고사를 봤으니 말이다.

교사가 되어 겪는 어려움과 삶의 쓸쓸함 속에서도 그 바닥을 치던 날들의 격한 고민들을 생각하면 저절로 코가 시큰거린다. 마치 나희덕 시인의 「땅끝」이라는 시처럼, 삶의 "위태로움 속에 아름다움이 스

서울 여자, 시골 선생님 되다

며 있다는 것"을 알게 된 시절. 이제는 "뒷걸음질만 허락되어" 삶을
다시 새롭게 살아봐야겠다는 그 갸륵한 마음이 새삼스레 떠오른다.
　삶의 중심을 새롭게 잡는 일은 무겁다. 커브 트는 일이 쉽지는 않
았다. 그러나 내 앞에 보이는 언덕 위의 구름 두어 편 따라 서툴게나
마 속력을 내보고 싶다.

1. 그래서 교사가 되어버렸다

고향에서 광주로 노량진으로, 참 간절하게

　서른 세 살에 교원임용고사 공부를 시작했다. 시골에서 두 아이를 키우는 엄마였다.

　나는 1990년에 사범대에 입학했는데, 바로 그해 가을 국립 사범대 졸업자 우선 채용 위헌 결정이 헌법재판소에서 났다. 그 전에는 국립 사범대 졸업생이 교사가 되고 나면 부족한 자리를 순위고사에 합격하는 사립 사범대 졸업생이 임용되었다. 위헌 결정이 나고 공개 교원임용고사를 도입한다고 했을 때 국립대학 사범대 학생들이 반대 시위를 했었으나, 사립대학에 다니는 우리로서는 별다른 논쟁이 없는 분위기였다. 더군다나 임용고사가 막 도입된 때라 그 시험에 대한 방향과 정보를 전해주는 사람이 주변에 있을 리가 없었다. 다만 교사의 자질을 어떻게 시험으로 측정할 수 있을까 하는 우려가 있었던 것으로 기억한다.

뒤늦게 임용고사를 준비할 수 있었던 것은 그 시험이 전공과목인 국어와 교육학만 본다는 것 때문이었다. 수능시험을 다시 보라고 했다면 영어, 수학 과목 공부를 해야 하는데, 그 두 개 과목은 고3이 끝나자마자 버린 것들이라 임용 과목에 포함되어 있었다면 합격이 불가능했을 것이다. 이 나라의 학생들이 가장 많이 공부하는 영어와 수학이 그것에 들인 정성과 시간만큼 쓸모 있게 쓰이느냐 하면 그런 것 같지는 않다. 그런데도 지나치게 비중이 높고 어려워 학생들의 진을 다 빼놓는 것은 예나 지금이나 별반 다름없어 보인다.

임용고사 준비를 시작하며 처음 한 일은 인터넷 검색을 통해 '참사랑 국어'라는 국어임용고사 준비 카페를 찾아 가입하고, 게시판에 올라온 글을 모두 읽는 것이었다. 그러고 나서, 스터디 친구를 찾아 함께 공부를 시작했다. 이제 막 대학을 졸업한 총총한 그녀들의 정보력에 의지하며 공부를 할 수 있었다. 기본 교재는 대학 교재나 국어교육학 교재가 아닌 노량진의 국어 강사들이 짜깁기해놓은 학원 교재였다. 그리고, 중고등학교 국어 교과서와 교사용 지도서와 교육과정 해설서였다. 노량진 복사집에서 그 교과용 지도서들을 얼마나 비싸게 파는지 돈이 넉넉하지 않아서 다 살 수도 없었다.

처음 공부할 때는 같은 학교에서 근무하는 선생님이 관사의 방 한 칸을 내주셨다. 명혜정 선생님은 마당의 텃밭에서 뽑은 부추를 잘게 썰어 간장과 참기름을 섞어 주시거나, 나로도에서 난 서대 등의 생선을 간장 양념을 넣고 졸여서 밥반찬으로 내주셨다. 학교 일을 마치고 쉬어야 할 소중한 저녁 시간에 '숟가락 하나만 올려놓으면 된다'거나 '시부모님이 계시는 집으로 곧장 가지 말고 우리 방이 조용하니 공부를 하고 가라'라는 말은 얼마나 큰 배려였던가.

순전히 시험을 통과하기 위한 공부였지만 새롭게 전공 공부하는 재미가 솔솔 생겨났다. 한국문학사를 읽고 정리하는 시간들은 공을 많이 들였다. 스프링 노트를 사서 문학을 시대별, 작가별로 닥치는 대로 읽고 필기했다. 교육학도, 교육과정도, 문법도 그렇게 공책에 정리하며 이해하고 외웠다.

7월에는 기간제 교사도 그만두고 본격적으로 공부하기 위해 노량진의 학원가로 갔다. 천 명이 넘는 사람들이 한 명의 강사에게 하루 종일 연강을 듣는데 그중 맨 앞에 꼿꼿이 앉아서 공부를 했다. 이게 뭐하는 짓인가 싶다가도 다른 방법과 여유가 없었다. 그나마 남편과 부모님, 동생들이 아직 어린 두 아이를 함께 돌보아주어서 모질게 공부를 할 수 있었던 것이 다행이었다. 그때 가수 윤종신이 두 시에 라디오 방송을 하고 있었는데, 매일 방송의 마지막 멘트가 "여러분, 자신 있죠?"라는 말이었다. 디제이의 그 말만 들어도 울컥 눈물이 나는 그런 날이었다.

첫 번째 임용고사를 보았고, 낙방을 했다. 그때 전남에서 18명을 뽑았는데, 9등으로 합격권에 있었다. 그런데 가산점 적용 결과 25등으로 불합격한 것을 확인했다. 1차 커트라인 86.20에서 0.8점이 모자라 떨어진 것이다.

그런데, 그 이듬해인 2004년 3월에 헌법재판소에서 '지역사범대

가산점과 복수전공 가산점'에 대한 위헌 판결이 났다. 나 역시 가산점 적용 결과 '지역사범대 가산점과 복수 및 부전공 가산점'을 받지 못했는데, 그 두 가산점은 원천적으로 내가 받을 수 없는 것이었다. 서울에 소재한 사범대학을 졸업했는데 전남지역 임용고사에 응시하여 지역가산점을 받지 못해 불이익을 받은 것이다. 지역사범대 가산점은 헌법에 보장된 평등권과 능력주의에 입각한 공무 담임권과 거주이전의 자유를 침해한다고 보고, 전남교육청을 대상으로 교원임용고사 불합격 처분 취소 소장을 광주법원에 제출했다. 변호사를 구해보라는 조언도 있었지만 혼자서 소장을 작성해서 내고 재판을 준비했다. 그리고 이듬해에 특별 전형 대상자가 되어 정원 외로 2차 시험을 치를 수 있었다. 논술시험과 수업 실기를 본 후 그해 새봄에 전남의 교사가 되었다. 그때 전남의 많은 분들이 관심을 가져주고 격려해주고, 도움을 주셨다.

얼마나 간절하게 교사가 되고 싶은 시간들이었는지. 절대 고독 속에서 시험공부를 하던 날들, 생활비와 학원비와 책값을 걱정하며 공부하던 날들, 가족으로서의 책임감을 뒤로하고 공부했던 날들, 소장을 들고 법원과 전남교육청에 들어가며 결과를 초조하게 기다렸던 날들이었다.

신규 선생님들은 그토록 되고 싶었던 교사의 모습과 만나고 싶던 학교와 아이들의 모습이 이것뿐인가 하면서 하소연을 하곤 한다. 그러나 다시 내게 질문한다. 그토록 간절하게 되고 싶은 교사의 모습은 어떤 것이었나. 꿈꾸는 교사로 살지 못하는 걸림돌은 무엇인가.

학교와 교육제도와 현실은 교사의 열정을 뒷받침해주지 못하는가.

학생을 만나는 일에 나태해지지는 않는지, 학교와 교육 현실을 새롭게 바꾸는 일을 외면하지는 않는지. 이 정도로만 해도 괜찮지 않으냐고 자족하며 살지는 않는지, 꼬박꼬박 채워주는 급여 통장에 만족하며 안주하고 살지는 않는지.

처음부터 선생님이 되고 싶었다.

그 간절했던 시간을 기억하며 살지 않으면 안 된다.

서울 여자, 시골 선생님 되다

<h1 style="text-align:center">그래서 교사가 되어버렸다</h1>

첫 발령받은 학교 가까운 곳으로 이사를 했다. 그렇게 시부모님과 같이 살던 집에서 분가를 했다. 짐을 옮기면서 초등학교 2학년 때 썼던 일기장이 눈에 띄어 열어보았다. 나중에 어른이 되면 '국어선생님'이 될 것이라고 쓰여 있다. 왜 그때 그런 생각을 했을까, 우리는 어느 순간에 희망하는 직업을 마음에 새기게 되는 걸까.

빛바랜 학교 도서실, 칠판 가득 흰 분필 자국, 매일매일 썼던 일기장, 영희와 철수가 나오던 국어 교과서와 선생님들의 모습, 그런 것들이 아홉 살 아이에게 국어교사의 꿈을 심어주었을 것이다. 초등학교 때 아버지는 백과사전과 전집을 사서 집안을 꾸며주셨고, 어머니는 이곳저곳에서 동화책을 빌려다 주시곤 했다. 집 근처에는 영등포 도서관이 있었다.

국어교사가 되겠다는 오랜 꿈은 농사짓는 여성으로 살겠다는 20대 신념의 발꿈치를 잡아버렸다. 서른다섯 살인 나는 그동안 뿌리내렸던 고흥 땅 도화면의 한 고등학교의 신규 국어선생이 되었다. 고등학교 3학년이었던 89년에 전교조가 창립되어 그 영향을 받고 90학번으로 입학한 우리들에게 사범대 선배들은 '참교육 1세대'라고 환영해주었다. 이제 그 '참교육'을 스스로 실천해야 할 기회가 주어진 것이다.

고등학교에 들어와 보니 교과수업, 생활지도, 진로지도, 담당 교육행정 업무가 끝이 없어 보인다. 야간 자율학습 지도, 기숙사 지도까지 하루 종일 아이들과 일의 틈바구니에서 열심히 사시는 분들이 참 많다.

우리 학교는 인문계와 전문계가 섞여 있는 면단위의 작은 고등학교이다. 전문계 학생들은 인문계 고등학생과는 다른 소질과 특징이 있는데 교육과정과 교과서가 너무 획일적이고 단순하다는 생각이 든다. 공부를 못한다는 것은 공부 말고 다른 재능이 있다는 것인데 말이다.

지난주에는 순천대학교에서 열리는 고교생 백일장에 학생 한 명을 지도해서 학교 대표로 참가시켰다. 다섯 살 때부터 할머니 손에서 자란 그 아이는 네 명의 딸 중 둘째다. 네 명의 손녀딸이 시골 바닷가 마을에서 할머니와 함께 커왔다. 씩씩하고 감수성이 풍부한 아이는 '할머니'에 대한 이야기를 진솔하게 써서 장려상을 받았다.

처음에 백일장이 열리는 강의실로 들어간 지 겨우 한 시간이 지나 "다 쓰고 나왔어요."라는 말에 보통 실망을 한 것이 아니었다. '성의 있게 쓰고 나오지 않았나 보다, 포기했나 보다.'라고 생각하며 당황

서울 여자, 시골 선생님 되다

스러웠다.

"네가 천재냐, 그렇게 빨리 내고 나오게!"

이렇게 쏘아붙이며 묵묵히 점심을 먹었다.

그런데 전국에서 예심을 거친 150여 명의 학생들 가운데 장려상을 받았으니 잘한 것이다. 아이를 끝까지 믿어주고, 격려해주지 못해 부끄러웠다. 자신이 글을 잘 쓰는지도 몰랐다는 아이, 아버지가 매달 부쳐주는 50만 원으로 할머니와 세 명의 동생들과 한 달 살림을 알뜰하게 꾸려가는 아이. 백일장에 오기 전까지 글 속에서 아이의 삶을 읽으며 뭉클했었는데 말이다.

그 이후로 백일장의 입상 결과보다는 글을 쓰는 과정이 한 아이에게 더 소중하다는 생각을 하게 되었다. 특히 백일장이라는 규격화된 틀과 한정된 시간 속에서 상을 받는다는 것이 참 무의미하다는 생각을 하게 되었다. 특히 전국의 예술고등학교 문예창작과 학생들이 대거 참가를 하기 때문에 그곳에서 상을 받는다는 것은 엄청난 경쟁을 거쳐야 하는 어려운 관문이 되고 있다.

나는 나대로 순천대학교 문예창작과 교수이신 시인 곽재구 선생님, 소설가 이청준 선생님을 직접 만나보면서 글 쓰는 국어선생이 되고 싶다고 마음먹었다. 곽재구 선생님은 학생들에게 문예창작과를 가려거든 순천으로 오라고 홍보하였다. 선암사와 송광사가 자리 잡고 있는 조계산이 있고, 저 너머 지리산이 있고, 도시 가운데는 동천이 흐르고, 그 너머 섬진강이 있고, 순천만으로 흘러 나가는 남해 바다가 닿아 있는 자연의 품에서 문학을 하는 것은 축복이라고.

글을 쓰고 가르치는 사람들이 좋다. 그들을 보면서 삶에 자극을 받고, 새로운 목표를 세우며 힘을 낸다. 내가 만나는 아이들도 그랬으면 좋겠다. 그 길에 함께 서 있는 교사가 되었으면 정말 좋겠다.

서울 여자, 시골 선생님 되다

너희들의 글에는 절실함이 있어

"하든지 말든지 알아서 하슈!"

철커덕. 전화가 끊어졌다. 늦게까지 학교에 남아 독후감대회를 준비하던 아이가,

"선생님. 아빠가 잘 안 믿어줘요."라고 울상이어서 전화를 대신 걸어주었는데, 아버지는 몹시 퉁명스러웠다.

"여기 학교입니다. 아이가 글을 참 잘 씁니다. 제가 좀 더 지도해 준 다음에 늦더라도 집까지 데려다 주겠습니다."라고 말하자 아버지가 보인 반응이다.

잠시 서운했지만 놀라지는 않았다. 아이가 쓴 글 속에서 '아빠'의 모습을 짐작하고 있었다. 글의 제목이 '17살 가정주부'였으니까. 책을 읽고 함께 내용의 가닥을 잡고 나서 원고지에 독후감을 쓰게 했다. 중간고사가 끝난 직후라 대회까지 시간이 촉박했지만 열심히 준비했다.

"아버지가 너를 믿어주지 않아서 서운하겠다."

집 앞까지 데려다 주면서 조심스럽게 물어보았더니 이렇게 대답했다.

"이해를 잘 못해줘요. 집안일이 더 중요하다고 하니까……."

중학교에서도 성적이 좋았지만 일찍 취업해야 하는 가정 형편 때문에 우리 고등학교 전문계인 전자과에 들어온 아이다.

군교육청에서 주최하는 독후감대회에서 써야 할 책 제목은 『난장이가 쏘아올린 작은 공』이었다. 짧은 기간이었지만 함께 생각하고 준비한 대로 원고지에 척척 글을 써 내려갔다고 한다.

"끝 부분이 좀 엉성했지만 그래도 후회 없이 썼어요. 선생님."

달나라로 날아가고 싶지만 무거운 쇠공이 다리에 묶여 있으니 다시 땅 아래로 곤두박질할 수밖에 없는 소설 속 난장이의 아버지가 바로 자기 아버지의 모습이라면서 그 이야기를 담담히 썼다고 한다. 혼자된 농촌 아버지들이 안고 사는 쇠공을 이해하는 아이가 대견하다기보다는 안쓰럽다. 제가 감당해야 할 몫이 역시 작은 쇠공이 될 것이므로.

"선생님. 정말요? 제가 최우수상이라고요? 히야!"

오늘 아침 수상 소식에 아이는 활짝 웃는다. 곁에 계신 아이 담임 선생님이 어깨를 두드리며 안아주었다.

"조 선생! 그 애 좀 잘 키워봐."

이제 일주일 후에 있을 도 대회를 준비해야 한다. 도교육청에서 제시한 도서 목록은 『난장이가 쏘아올린 작은 공』 말고도 『다산 정약

용 유배지에서 만나다』, 『지도 밖으로 행군하라』, 『나의 아름다운 정
원』, 『구운몽』, 『정재승의 과학 콘서트』가 있다. 또 신영복의 『나무
야 나무야』와 『전태일 평전』도 있다.

　각 시군에서 선발된 아이들이 모이는 도 대회에서 상을 못 받을 가
능성이 더 크다. 하지만 어떠리. 이렇게 좋은 책들을 함께 읽고, 생
각을 나누며 오붓하게 토론하는 것이 더없이 소중하다는 것을 우리
는 알고 있다.

　세상이 녹록지 않음을 남들보다 일찍 그리고 더 깊게 알아버린 아
이들. 그만큼 아이들의 이야기와 글 속에서는 삶의 깊이가 전해진다.
그것은 문장력과 표현기법을 넘는 좋은 글의 소중한 요건이 된다. 농
촌의 가정에서 소중한 일손이 되어 일을 하며 공부를 하는 아이들의
이야기와 글은 진실하다. 그 생동감과 절실함은 도시의 청소년들이
넘볼 수 없는 이야기다.

　가을 소풍을 가까운 바닷가로 갔다. 체육복과 교복을 입고 한 시
간 넘는 길을 걸어서 도착한 발포 바닷가. 기숙사에서 싸준 김밥을
먹고, 바쁜 어머니 혹은 할머니 그것도 아니면 저희들 스스로 싼 김
밥을 먹는 아이들. 선생님들 몰래 물병 속에 알코올을 넣어온 몇 명
의 아이들도 있으리라. 아이들 너머로 가을 파도가 넘실거리고 있다.

전교생 시화전을 열었어

좀처럼 눈이 오지 않는 따뜻한 바닷가 고흥에 눈이 폭폭 쌓였다. 얼마나 많이 왔는지 전남교육청에서는 학교장에 따라 휴업이나 휴교를 한다는 신문기사가 났다. 월요일 아침, 아슬아슬한 빙판길을 헤치고 학교를 가면서 나도 아이들처럼 휴교를 기대했다. 그러나 아이들은 모두 학교로 모여들었고, 휴교는 없었다. 그 대신 다음 날 있을 학교 축제를 위한 최종 연습을 했다. 오후의 햇살은 흰 눈의 흔적을 모두 녹여버렸다.

우리 학교 축제를 위해 아이들은 시화전을 준비했다. 집안의 둥근 벽시계를 가져와 아크릴 물감으로 할머니에 대한 시를 적어놓은 아이도 있었고, 항아리를 가져와 '별종 개구리'라는 시를 직접 쓰고, 여자친구한테 부탁해 색종이로 개구리를 만들어 제법 창의적인 작품을 만

1. 그래서 교사가 되어버렸다

든 아이도 있었다. 말을 못하는 장애 엄마에 대한 안타까움을 시와 그림으로 표현한 아이도 있었다. 학교와 시험에 대한 압박, 자격증 시험 합격에 대한 기쁨, 어머니의 죽음에 대한 슬픔 등 다양한 주제가 담긴 시화전이었고, 무엇보다 전교생이 모두 참가했다는 것에 많은 이들이 놀라워했다. 처음 시작할 때는 막막했고, 기대만큼 준비해 오지 않은 아이들도 있어 어려움이 있었지만 그럴듯한 시화전이 되었다.

우리 아이들에게 저마다의 삶은 모두 문학 재료가 된다. 웃음도 있고, 상처도 있고, 아픔도 깊다. 사방에는 우리를 감싸는 산과 들판과 바다와 햇살과 바람이 있다. 계절마다 꽃과 나무와 곡식들이 산과 들에서 자라고 그 안에서 아이들도 자란다. 우정과 사랑을 나누며 성장한다.

1년 동안 이런저런 현대시를 읽히고, 그 안에 다른 학생들의 작품도 읽혔다. 그리고, 시는 한 장의 이미지와도 같다고, 말하고 싶은 감정이나 주제를 새롭게 형상화시켜 보자고 말해주었다. 남들이 벌써 써먹은 표현은 식상하니 고쳐보라고 하고, 우리는 시인들처럼 전문가가 아니니까 너무 꾸미려고 하지 말고 솔직하게 말하고 싶은 것을 표현해보자고 했다. 또 시는 운율이 있어야 하고, 독자가 읽었을 때 상상할 수 있는 여백을 주어야 한다고 말해주었다. 학생들은 각자 시를 한 편씩 썼고, 나는 그것을 다 모아서 한글로 입력한 후 프린트해서 학급의 아이들이 시를 다 볼 수 있도록 했다. 수업시간에 발표를 시키면 아이들은 제법 진지하게 듣고 평도 해주었다.

갑작스럽게 어머니가 돌아가셔서 겪고 있는 슬픔을 전자과의 한

남학생이 시로 써서 담담하게 발표했는데 모두 숙연해했다. 표현기
법상 지적해줄 것도 없지 않았으나 나름대로 운율을 갖추고 연과 행
을 나누고, 슬픔을 비에 담아 썼다. 무엇보다 그 아이의 상황을 우리
모두가 잘 알기에 더 이상 조언을 해줄 필요가 없었다.

따뜻한 봄날, 자꾸 비가 오는 이유를 아세요
그건 말이죠
어떤 남자가 죽은 아내를 그리워해 우는 거래요

따뜻한 봄날, 자꾸 비가 오는 이유를 아세요
그건 말이죠
먼저 떠나간 엄마를 그리워한 소녀가 우는 거래요

따뜻한 봄날, 자꾸 비가 오는 이유를 아세요
그건 말이죠
아내 생각에 우는 아버지를 보고 아들이 우는 거래요

벚꽃이 우르르르 봄비 내리는 날이 지나고
들녘을 어루만져줄 날을 기다리며
오늘도 봄 하늘이 먼저 웁니다

-김진영 학생의 시「따뜻한 봄날에」

하드보드지를 한 장씩 나누어주고 그림과 시를 채우라고 했다. 그리고 시에 어울리는 다양한 재료를 찾아 창의적인 작품을 만들면 더 좋다고 했다. 같은 국어과 이유림 선생님은 POP 손글씨를 가르쳐주는 문화센터 수강에 참여해서 배운 솜씨로 아이들과 함께 작품을 만들었다. 그분은 그것 말고도 순천에서 옷감을 사 와 학생들과 옷을 만들어 패션쇼를 하도록 도우셨다. 도서부에서는 축제 기간에 북카페를 운영했고, 학생들과 선생님들이 추천하는 도서를 전시하고, 그 옆에서 차를 끓여 팔았다. 남은 수익금으로는 기부를 하자고 했다. 추운 체육관에서 코코아의 맛이 달달했다.

축제는 밤늦도록 이어졌다. 학급별로 체육관에 마련한 무대에 나와 합창과 촌극을 발표했다. 밴드부는 새로 산 드럼을 중심에 놓고, 록 공연도 했다. 예쁘고 날씬한 남학생들이 여장을 하고 미인 선발대회도 했다. 올해 댄스의 주 흐름을 반영하듯 섹시 춤이 단연 많았다.

고등학교 시절, 문예반을 하며 시화전에 작품을 내놓으면 친구들이 찾아와 장미꽃을 꽂아주며 축하해주던 일이 떠오른다. 그때는 왜 그렇게 시를 좋아하는 사람들이 많았을까. 시를 읽고, 공책에 베껴 쓰고, 그림을 그리며 간직하기도 하고, 시를 적어 좋아하는 사람에게 선물을 하기도 했다. 자기 고백을 시로 하던 낭만적인 시대였다.

지금도 사랑하는 시의 구절들은 오랜 벗이다. 언어는 활자로 되어 그대로인데 어떤 경험을 하고 어떤 생각에 빠져 있는지에 따라 조금씩 다른 모습으로 다가오는 데에 시의 매력이 있다.

시대도 변하고 아이들도 변하고 문화의 흐름은 더 빨리 변한다. 그리고 누구나 통과의례를 거쳐 어른이 된다. 삶이 뜻대로 되지 않을 때, 무엇에 사무칠 때나, 그립고 쓸쓸한 순간이 올 때, 오늘의 기억을 즐겁게 떠올렸으면 좋겠다.

축제를 즐기는 아이들의 웃음소리가 일 년 중 가장 환하게 번진다.

일하는 10대 아이들의 담임이 되어

　우리 반 전자과 스물다섯 명 가운데 부모님이 두 분 다 계시는 경우는 세 명밖에 되지 않았다.

　한 가정은 아버지가 장애인이다. 가정방문을 갔을 때 고구마와 사이다를 내주시고, 상담을 마치고 나올 때는 직접 바닷가에서 해 온 미역을 검은 봉지에 싸주셨다. 순박한 여자아이는 일 년 동안 맡은 일과 공부를 묵묵히 했다.

　그리고 내가 결혼해서 살고 있는 우리 동네 아이 부모님. 늘 부지런하게 바닷일을 하러 다니셨다. 두 딸들이 이미 우리 학교 전자과에 다녀 일찍 취업에 나갔다.

　마지막으로 한 아이는 가정사의 갈등 등이 겹쳐 있었다. 군인이었던 남자친구가 탈영을 하고, 아이는 집에서 가출해버린 일도 있었다.

서울 여자, 시골 선생님 되다

학교에서 어떻게 학생 관리를 하길래 아이가 학교를 나갈 수 있느냐고 어머니로부터 항의를 받기도 했었다. 그 아이는 한참 후 다시 집으로 돌아왔는데 혼자 공부하며 지내고 싶다고 말해 내가 맡은 학급의 첫 자퇴 학생이 되었다. 검정고시를 보고, 사회복지사 공부를 하겠다고 말했다.

나머지는 '한 부모 가족' 형태였다. 한 아이는 어머니가 암 투병 중이셨다. 이른 새벽에 일어나 아이에게 아침밥을 해 먹이며, 그 바닷가 마을에서 아침 7시 버스를 태워 지각 한번 하지 않도록 해주었던 그 엄마는 몇 개월 전에 돌아가셨다. 마치 김정한의 소설 「모래톱 이야기」에 나오는 '건우 어머니'처럼 곱던 분이었다. 몇 달 후, 거짓말처럼 간경화를 앓던 아버지까지 돌아가시고 말았다.

그리고 거의 대부분은 할머니, 할아버지 밑에서 자라는 아이들이었다. 학기 초 가정방문을 다니면 할머니 할아버지들이 어떻게 손자 손녀를 예쁘고 착하게 키웠는지 그 사연을 들을 수도 있었다. 그 열악하고 좁은 공간에서 아이들이 어떻게 책을 펴고 공부를 했는지, 어떻게 집안일을 도우며 사는지 눈에 선했다. 그러니 3~4일간의 가정방문을 모두 하고 나면 마지막 날은 꼭 술을 한잔하지 않으면 안 될 정도로 마음이 아프기도 했다. 취나물 작업장에서 일하시며 홀로 손자를 키우는 할머니가 오토바이 도난 사건 등 사고를 칠 때마다 학교로 오셔서 무슨 죄인처럼 고개를 숙일 때는 얼마나 민망하고 안타까웠는지 모른다.

우리 반 아이들은 전자과 실습 시간에 납땜 등의 실기를 했다. 데인 손을 보여줄 때도 있고, 직접 만든 작품이라며 보여줄 때도 있었다. 실습실에 환기가 잘 안 되어 냄새가 독하다고도 하고, 마스크와 장갑을 다 챙길 수 없다는 말도 전해주었다.

　문학 교과서를 당연히 재구성해야 했다. 국어 생활과 연관시켜 가르쳐야 했다. 도대체 인문계와 전문계 고등학교 국어와 문학 교육과정에는 변별점이 없다. 가르치는 우리 교사가 교과서를 끊임없이 재구성해야 하는 이유가 그것이다. 그렇게 준비하지 않고 수업에 들어가면 학생들은 일찌감치 공부를 포기하고, 교실에서 노골적으로 잠을 자거나 시큰둥해하며 반항을 한다.

　그리고 반 아이들과 만날 시간이 부족해 매일 종례신문을 만들었다. 아이들도 번호대로 돌아가면서 그날의 종례신문 기자가 되어 글을 쓴 후 종례 때 복사해 나누면 같이 읽었다. 아이들은 동성 친구와의 우정과 이성 친구와의 사랑과 고생하는 가족들을 잊지 않는 것으로 힘든 학교생활을 버텨나갔다.

　그리고 3학년이 되어 산업 현장으로 나가게 되었다. '말썽 없이' 학교생활을 하고, 성적이 높은 아이들은 삼성반도체 공장으로 갔고, 대부분의 아이들은 안산 반월공단 등 경기도권으로 일하러 나갔다. 그곳이 고흥과 얼마나 멀고, 얼마나 낯선 곳인지 아이들은 적응해야 한다.

　경기도 안산 반월공단을 방문했을 때다. 평소에는 짙은 화장을 하던 여자아이들도 '생얼'을 하고, 머리를 질끈 동여맨 채 열심히 서서 복사기 만드는 일을 하고 있었다. 심하게는 2교대를 하는 곳도 있었다. 멀리 남도에서 온 담임선생님을 본 아이들은 저절로 포옹을 하며 안겼다. 학교에서 노동교육을 제대로 받아본 적이 없는 아이들은 일찌감치 사회에서 단련되어가는 듯했다. 이제는 그 열악한 가정에서 가장 돈을 잘 버는 사람이 되어가고 있었다.

전자과에서 성적이 우수한 학생들이 삼성에 취업하고, 그러면 학교 정문 앞에 현수막을 단다. '축 삼성 취업'이라며 학교 홍보에 열을 올린다. 하얀 가운과 마스크 등으로 온몸을 무장하고, 담임교사나 학부모라도 외부인의 접근을 철저히 통제했던 그곳에서 아이들은 발암물질에 심각하게 노출되고 있었다. 2007년, 바로 삼성반도체 기흥공장에 다니던 어린 노동자가 백혈병으로 죽었다. 지난 3년간 47명이 이렇게 사망했다고 한다. 그래도 삼성은 이들을 산업재해로 인정하지 않았고, 가족들을 회유하고 압박했다. 노동조합과 산재를 인정하지 않으며, 온갖 불법을 저지르는 삼성이라는 기업에 생산직 노동자로 취업하는 것이 전문계 학생들 최고의 목표인 것이 현실이다. 우리 아이들은 야간 근무와 특근을 거부하지 못하거나, 돈을 좀 더 많이 벌어보겠다는 생각에 무리하게 일을 하고 있었다.

이렇게 모두들 현장 실습을 나가기 때문에 3학년 교실이 조용하다. 이따금 회사를 그만두고 다시 학교로 내려오는 학생들은 컴퓨터와 독서, 교내 봉사로 시간을 보내고 오후에는 다시 편의점이나 PC방 아르바이트를 하는 경우가 많다. 그리고 전문계 고등학교 출신과 대학 졸업자 사이에 사회적 대우와 임금 차별이 심하다는 것을 몸으로 체험하고, 다시 대학을 가기 위해 학교로 와 공부하는 아이들도 있다.

1. 그래서 교사가 되어버렸다

졸업 전에 현장 실습이라는 명목으로 취업을 시키는 것에 대해 신중하게 재고했으면 한다. 기업으로 바로 보내지 말고, 교육과 노동실기를 조화롭게 더 배울 수 있도록 했으면 한다. 그리고 교육과정 내에 노동교육을 필수적으로 넣어야 할 것이다. 어떻게 하면 칭찬받는 직원으로 성실하게 적응할 것인가에 접근하는 것이 노동교육은 아닐 것이다.

국어교사인 나는 이 아이들에게 무엇을 가르쳐야 할 것인가. 고등학교를 졸업하든지 대학교를 졸업하든지 모두 우리 사회의 노동자가 된다. 힘들게 경쟁을 해봐야 대부분 비정규직이 되어 오래 못 간다. 비정규직이 전체 노동자의 60퍼센트에 다다르고, 그 수가 팔백만 명이 넘는다고 한다. 그런 현실에 있어 고졸이나 대졸이나 그 경계가 불분명해졌다는 생각도 든다. 내가 대학 다닐 때만 해도 대학생이 공단에 가서 일을 하면 '위장취업자'로 취급받아 요주의 인물이 되었다. 그래서 이름과 학력을 속이고 취업하여 노동자가 되는 길을 택하기도 했다. 지난번 독서 캠프에 가서 김형민의 산문집 『삶을 만나다』를 가지고 독서토론을 하다가 8~90년대에 대학생들이 공단에 들어가 일한 적이 있다고 하자, 등록금 벌려고 그랬냐는 질문을 받은 적도 있었다.

문학시간에 우리나라의 노동 현실과 그 역사, 노동자들의 꿈을 그린 소설과 시를 읽고, 뉴스와 시평을 읽으며 사고하고 비판적으로 판단하도록 해야 할 것 같다. 홍세화 선생님 말씀으로는 프랑스에서는 고등학교 다닐 때 '단체협상'을 하는 방법도 배운다고 하는데 말이다.

요새 대부분의 전문계 고등학교의 경우, 학교가 낮에는 여관이 되

서울 여자, 시골 선생님 되다

고 있다고 한다. 밤에는 알바를 하고, 낮에는 학교에 와서 잠을 잔다. 이 아이들을 깨워야 한다. 깨어 있지 않으면 얼마나 세상과 자본에 이용당하고 소모되는가. 스스로를 사랑하고 당당하게 살아갈 수 있도록 교사는 이 아이들의 의식을 깨우지 않으면 안 된다.

또래의 다른 친구들에 비해 일찍 세상에 나간 아이들. 부디 당당하게 잘 살았으면 좋겠다.

웅웅거리는 소음 속에서 너희들 모습이 처음엔 보이지 않았어. 짙은 화장을 지우고 튀는 매니큐어도 나중에 하라고 잔소리할 때는 한 귀로 흘리더니 맨 얼굴 맨 손톱에 생머리 하나 질끈 동여매고 이렇게 일하고 있구나.

고3 가을, 이제 열아홉 푸른 물이 든 너희들의 손을 오랜만에 잡아본다. 도시의 촘촘한 회색빛 공단으로 너희들을 보내고 빈 바닷가에는 할머니 혼자 푸른 미역을 꼬득꼬득 말리고 있다. 이제 집안에서 가장 돈을 많이 버는 사람이 된 너희들의 안부를 걱정하며 아버지는 경운기를 밀고 푸른 밭으로 나가셨다.

욱신거리며 돌아가는 기계 소리, 푸른 불똥, 팔랑팔랑한 웃음. 울컥 눈가의 물결, 그 발자국 따라 먼 길 사북사북 걸어가거라.

-조경선의 시「푸른 아이들」

1. 그래서 교사가 되어버렸다

지역 독서 동아리를 이끌며

　큰딸도 생애 첫 학교에 입학하고, 나도 학교에 첫 발령을 받았다. 큰딸은 도화초등학교, 나는 도화고등학교. 2005년 3월 새봄까지는 그렇게 나란히 학교에 들어가고 싶었다.

　내가 좋아하고 잘하는 일로 지역의 좋은 아이들과 사람들을 만나고 싶어졌다. 딸아이의 학부모총회가 열린 날, 독서 동아리를 만들고 싶은데 관심 있는 분의 참여를 바란다고 말했다. 바다에 나가 김 양식을 하는 점자언니와 김 공장 하는 경순언니가 강당의 뒷자리로 찾아와 한번 해보고 싶다고 말했다.

　그래서 시작한 도화독서동아리. 어찌 보면 지역 봉사활동에 불과한지도 모르겠다. 소소하게 만나서 책을 읽고, 생각하고, 토론하는 모임이니까. 초등학교 1학년부터 6학년까지 학년별로 추천도서를

서울 여자, 시골 선생님 되다

찾아서 토론 주제를 뽑고 카페에 올렸다. 사회는 학년별로 일주일에 한 번씩 엄마들이 돌아가면서 맡아주었는데 카페에 올린 주제를 프린트해서 나누어주면 그것에 맞추어 이야기식 토론을 해보는 방식으로 오랫동안 진행했다.

아이들에게 책 읽으라고 잔소리하면서 리모컨 누르며 TV나 보고 있지 않은가 하는 반성에서 시작된 엄마들 모임이 도화여성독서동아리였다. 한 달에 한 번씩 만나서 독서토론을 하고 어린이독서동아리 운영에 대한 회의를 하였다.

그중에서도 회장인 경순언니가 나의 부족한 부분을 대신해 추진력 있고도 세심하게 동아리를 챙겨주어서 모임을 꾸준히 해나갈 수 있었다. 숫자 파악이나 계산 등을 잘 못하고 덜렁거리는 내 옆에서 늘 든든하게 챙겨주었다. 우리는 그를 '우리에게 꼭 필요한 사람'이라고 불렀다. 그는 여성독서동아리 독서토론용 책도 늘 열심히 읽고, 자기 삶의 일부로 받아들이려고 노력했다. 가장 예뻤던 '왕년에' 체조 선수였던 착한 명진 씨도 열심히 책을 읽고 아이들을 챙기며 세상 밖으로 나왔다. 그 밖에도 도화의 많은 여자들이 책을 통해 만났다.

방학에는 독서 캠프도 꾸준히 진행했다. 도화헌미술관에서, 제석사에서, 거북마을에서, 남포미술관에서 책을 읽고 토론을 하고, 다양한 독후 활동을 하며 1박 2일을 보냈다. 그곳은 늘 따뜻했다. 제석사 스님이 나누어주신 차와 밥이 그랬고, 도화헌미술관 난롯가에서 감상한 음악과 그림도 그랬다.

영랑백일장도 함께 참여해보고, 강진과 해남 문학기행도 가보고,

도화의 여자들이 모여 책을 통해 소통하고 사유하고 성장하길 바랐다. 농촌지역에서 살아가는 나에게도 그녀들에게도 든든한 모임이었다. 보수적인 남편들도 우리 독서모임에 나간다고 하면 좋아했다는 이야기도 있었다.

경주 문화 체험, 갯벌 체험, 도자기 만들기 체험, 나무 곤충 만들기 체험, 경북 여행과 능가사 역사 체험과 숲 체험 등 참 많이도 함께했다.
그동안 함께 읽은 책과 대화토론 주제와 체험활동 안내 자료가 다음
카페 '고흥지회 도화독서동아리(http://cafe.daum.net/readingclub333)'

서울 여자, 시골 선생님 되다

에 아직도 남아 있다.

도화헌미술관에서 한 해의 마무리를 하는 송년모임을 했다. 우리 모임의 여자들은 집에서 하나씩 음식을 해 왔다. 김혜경 선생님은 미역과 김에 싸서 초장에 찍어 먹도록 과메기를 내놓으셨다. 선물도 각자 한 가지씩 가지고 와서 나누었다. 별이 무수히 많이 반짝거리는 한겨울 도화헌미술관. 그동안 그곳에서 많이 읽고, 토론하고 여행했다.

책을 통해 좋은 사람을 만났고, 세상에 대한 비판적 인식을 키울 수 있었다. 때론 감동으로 때론 불편함과 부끄러움을 갖도록 책은 우리들을 만나주었다.

아이들이 바라보는 세상은 또 어떨까. 정직, 사랑, 존경, 행복, 함께하는 인간적인 가치보다는 돈이 더 중요하게 세상을 지배하고, 어른들의 통제와 간섭은 갈수록 심해지고 있다. 어른과 아이들의 갈등과 절망이 더없이 깊은 사회 속에서 작은 모임을 해보고 싶었다. 우리들의 노력이 아이들을 대상화하여 도시 아이들과 경쟁시키기 위한 것이 아니어야 함을, 자본주의 사회를 공고히 하고 좀 더 높은 곳으로 편승하기 위한 것이 아니어야 함을 생각하고 생각했다.

그렇게 몇 년간 여자들이 모여 책을 통해 소통하고 사유하고 함께 성장하는 것이 농촌지역에서 살아가는 나에게도 그녀들에게도 든든한 모임이 되어주었다. 보수적인 남편들도 우리 독서모임에 나간다고 하면 좋아했다는 이야기도 있었다. 일주일에 한 권씩 아이들이 독서토론을 했고, 우리도 한 달에 한 권씩 독서토론을 했다. 대략 6년을 그렇게 할 수 있었던 그 열정이 우리들 어디에서 나왔는지 모르겠다.

그곳에서 열심히 사는 예쁜 여자들이 지금보다 더 자유로워지고 행복해졌으면 좋겠다.

12월, 잡채며 나물이며 과일 등을 집에서 한 가지씩 가지고 모인 도화헌미술관에서의 송년회 풍경을 생각하며 쓴 시다.

몇 날 며칠을
찬 갯바람에 얼었다 풀리기를 되풀이했을까

이제는 빼빼 마른 모습으로
다시 만나 살뜰히 감싸 안다 보니
묵은 비린내가 정겹구나

여린 해당초 미역 냄새
다시는 헤엄쳐 돌아갈 수 없는
먼 바닷가 추억
이제는 돌아갈 수도 돌아가고 싶지도 않으니
잘 가라
꼬득꼬득 의연하게 익어가는구나
마흔을 앞둔 여자들이 과메기처럼

가만히 그녀들의 어깨에 기대어 앉아보니

나도 따라 뜨듯하게 익어간다

-조경선의 시 「과메기처럼」

1. 그래서 교사가 되어버렸다

국어교사가 되겠다는 아이야

조선대학교 본관의 삐죽삐죽하고 하얀 건물은 눈 내린 겨울에 더 예쁘다. 광주전남 지역에서 자라지 않은 나에게 조선대는 광주에서 조금은 특별한 공간이다.

1990년 초에는 전국의 노동자문학회가 활발하게 활동을 할 때였다. 전국의 노동자문학회가 모두 모여 문학제를 열었는데, 그곳이 조선대였다. 영등포노동자문학회 사람들도 푸른 옷을 맞춰 입고 집단창작시도 써서 발표하는 등 적극적으로 참여했었다.

세월이 흘러 전남 총각을 만나 결혼을 해서 고흥으로 왔고, 임용고사 준비를 할 때는 광주 봉선동에 사는 시누이 집에서 잠시 지내며 공부한 적이 있었다. 그때 조선대 학생의 학생증을 빌려 도서관에서 시험공부를 했다. 고흥에서 임용고사 강의를 들으러 왔을 때도 이 대학에 모여 스터디를 했다.

교사가 되어서는 이 대학에서 1정 연수를 5주 동안 받았다. 그때 고흥 집까지 거리가 멀어 조선대 기숙사에서 생활을 했다. 주로 조선 대 교수들의 강연이 많았다. 그중 평소 좋아하던 나희덕 시인의 현대 시 강연을 들을 수 있어서 좋았고, 그것이 인연이 되어 나중에 학교 로 그분을 초청해 문학 강연을 마련하기도 했다.

첫 발령을 받은 종합고등학교 인문계 반에 예쁜 학생이 한 명 있었 는데, 여러 대학의 면접과 논술시험 준비를 하고 있을 때였다. 1차 수 시 전형을 준비하던 몹시 더웠던 어느 날, 이 학교에서 만나 함께 기출 문제를 정리하고 논술시험에 대해 준비했던 일도 있었다.

오늘 전교조 참실대회 국어분과에 참여하기 위해 조선대에 와서 그 아이를 다시 만나 맥주 한잔을 했다. 그 아이는 농어촌 전형으로 바 로 조선대에 입학했고, 올해 국어교육과 졸업반이며 처음으로 임용고 사를 봤단다. 유난히 공부하기를 싫어하던 작은 학급에서 방황 한번 없이, 노는 것에 휩쓸리는 법 없이, 꿋꿋하게 공부를 했던 아이였다.

바지락이 많이 나는 바닷가 마을에서 할머니랑 살고 있었는데, 어 머니는 서울에 있는 병원에서 치료 중이었고, 언니는 자퇴를 하고 병 실에서 간호를 하고 있었다. 그때 힘들지 않았냐고 물어보니, 학교 친구들 모두 형편이 어려워서 자기만 특별히 어렵다는 생각은 하지 않았다고 말한다. 유달리 국어수업 시간에 열심히 배웠고, 각종 독서 행사나 글쓰기 대회도 총총거리며 열심히 참여했었으니 국어교사인 내가 예뻐하지 않을 수 없었다. 3학년 9월 모의고사에서 점수가 나오

1. 그래서 교사가 되어버렸다

지 않자 국어교육과 말고 다른 학과를 생각해보라고 주변 선생님들이 조언을 하자 "처음부터 국어교육과 말고는 전공하고 싶은 학과가 없기 때문에 그 과가 아니라면 아예 대학을 가지 않겠다"고 고집스럽게 말하던 모습이 떠오른다.

시골 면단위 인문계 반 스무 명 중에서 내신 1등급으로 광주의 사립 대학교 사범대학에 들어간 이 아이가 지난 시간을 어떻게 보냈을까. 기초생활수급자 학생에게 주는 전액 장학금을 4년간 받아서 그 비싸다는 사립 대학교에서 등록금 걱정 없이 무사히 학교를 졸업한다고 한다. 기숙사에서 대학 생활을 했고, 그 사이 남자친구도 사귀었는데, 목포에서 사립고등학교 정교사가 된 남자친구가 이것저것 잘 챙겨준다고 말한다. 졸업 후 형편상 돈을 벌까 하고 고민을 했지만, 재활치료 시설에 계신 어머니가 통장을 하나 꺼내주며 올해 임용고사 준비에 매진하라고 하셨단다.

전남대학교 앞 작은 고시원에서 임용고사 준비를 하고 있는 이 아이는 꼭 국어교사가 될 것이다. 전남의 교사가 되어 자기처럼 어려운 형편에 뒤척이는 아이들을 만나 그들을 이끌어주고 싶다고 한다. 벌써 조대 부속 고등학교에 교생 실습을 나가 인기를 한 몸에 받은 모양이다.

언젠가 전남의 어느 학교에서 이 아이와 동료 교사로 만난다면 얼마나 좋을까. 벚꽃이 고왔던 고등학교에서 만나 시와 소설을 읽고, 시를 쓰고, 시화전을 열던 그날들, 소란스러웠던 그 안에서 어떻게 문학에 대한 감수성을 키워나갔는지, 어떻게 세상에 대한 애정과 연민을 키워갔는지, 불확실한 꿈을 꾸지 않을 수 없었던 그날들을 가끔 이야기하면서 말이다. 그리고, 국어교사가 바라는 수업을 하는 것이 왜 힘든지, 어떤 교사가 되어야 하는지 같이 나누는 날이 오기를 바란다.

담임을 하고, 국어수업을 하다 보면 일 년에 한두 명은 국어교사가 되고 싶다는 학생들을 만난다. 고등학생들이 체험할 수 있는 직업이 극히 제한적이기도 하고, 평생직장이라는 개념이 흔들리고, 취업이 불안정한 시대에 안정적인 교육공무원의 모습이 상대적으로 나아 보이는 사회적 분위기도 있을 것이다. 그래도 여전히 나라말과 문학을 가르치는 교사라는 직업은 매력적이다. 10대의 새롭고 푸르른 영혼들을 만나 인간과 세상과 언어와 문학을 이야기하는 수업을 만들어나가는 교사는 행복한 사람이다.

다시 고시원으로 들어가기 위해 마지막 버스를 타고 가는 아이, 홀로 가는 저 길 위에 뒷모습이 살랑거린다. 첫 발령지인 도화고등학교, 세상의 그 어떤 사람들보다 예쁘고 씩씩했던 아이들의 얼굴이 마치 그 환했던 벚꽃처럼 떠오른다.

장학금을 나누며

태풍이 온다고 한다. 가족들은 참깨 더미를 서둘러 들여놓고, 붉은 고추를 포대자루에 담고, 남편은 논을 둘러보고 큰 비를 대비했다. 다행히도 일기예보와 달리 태풍은 남도를 비껴갔다. 시골에 산다는 것은 참으로 햇볕과 바람과 비의 영향을 많이 받는다.

우리 학교 분회에서는 추석을 앞두고 아주 작은 사업을 하려고 한다. 그동안 선생님들이 모은 회비의 일부를 이용해서 학생들에게 장학금을 주는 것이다.

보통 장학금 기준을 살펴보면 '학업 성적이 우수하고 품행이 단정한 학생'이라는 문구가 따라붙는다. 대개 학업 성적이 우수한 학생들은 품행도 단정하고, 재주도 많아 각종 대회에 나가 상을 받거나 장학금을 타는 기회가 넘쳐난다. 그러나 가정 형편이 어렵고 교육 환경

서울 여자, 시골 선생님 되다

이 열악해 학업이 뒤떨어지고, 그러다 보니 학교생활이 버거워 품행이 단정해 보이지 못하고 덜 똘똘해 보이는 학생들은 장학금을 받을 대상에서 제외되는 경우가 대부분이다.

농촌의 고등학교는 신입생들을 유치하고 학교를 존속시키기 위해 각종 장학금을 만들기도 한다. 입학식 때 우수한 성적으로 학교에 입학한 아이들에게 건네주는 장학금을 마련하기 위해 선생님들이 지역의 기업체나 단체를 방문해 장학금 후원을 요청하곤 한다. 장학금을 받은 학생들에게 '장학금을 주신 분들에게 감사의 편지'를 쓰게 하는 일도 교사의 몫이다.

우리 학교 선생님들은 장학금을 줄 학생 선발 기준을 '가정 형편이 어려우면서도 꿋꿋하게 희망을 잃지 않고 건강하게 생활해가는 아이'로 정하고, 성적순으로는 뽑지 말자고 했다.

부모님이 이혼해서 할머니 밑에서 사는 숱한 아이들, 인문계 고등학교로 진학해 대학에 가고 싶었지만 누나와 의논한 끝에 눈물을 머금고 전자과에 입학한 아이들, 아버지가 부산에서 보내는 오십만 원으로 할머니와 네 자매가 생활하는 아이, 방학이면 최저임금에도 못 미치는 일당을 받으며 아르바이트를 해야 하는 아이들, 중학교 때부터 경운기를 몰며 농사일을 하는 아이들, 자격증 시험을 봐야 하는데 접수비가 없어 등록을 못한 아이들이 곁에 있다.

이 아이들이 태어나기 이전부터 농촌을 이렇게 힘들게 만들어놓았다. 수입 개방과 농자재 값 인상 속에서 농수산물의 가격은 하락하니, 젊은 사람들이 고된 농업을 유지할 수가 없었다. 도시에서도 안정적인 경제활동을 할 수 없고 물가가 턱없이 높으니 아이들만 농촌의 할머니 할아버지에게 보내는 일이 많아져, 농촌의 아이들은 이렇게 저렇게 보살핌을 받지 못한 채 이천년 대를 살고 있다.

아이들의 방황과 탈선을 모질게 혼낼 수 없는 사회적 책임의 무한대. 그 안에서도 밝게 생활하는 고운 아이들은 어떤 힘을 가진 것일까.

주위에 백일홍 나무가 곱게 피었다. 나는 배롱나무라고 불리는 이 꽃나무가 참 좋다. 기둥 아래를 간질거리면 간지럼을 타며 몸통부터 가지 끝까지 흔들리는 나무라서 '간지럼 나무'라고 부르기도 한다. 이 나무의 꽃은 여름부터 가을까지 피고 지고 다시 피어 백 일을 피운다. 쓰러져도 다시 붉게 피어나는 이 꽃나무를 바라보며 우리 아이들도 나도 대책 없이 희망을 가진다.

학생의 날 수업을 하며

11월 3일은 학생의 날이다. 뜻있는 선생님들 몇 분이 모여 학생들을 위한 선물을 주면서 격려하고 축하해주기로 했다. 교사들은 '참교육 사탕'을 준비했고, 전교생에게 엽서를 썼다. '학생의 날 계기 수업'을 하였더니 역시나 즐겁게 참여했다. 먼저 학생의 날의 유래를 담은 동영상을 보았다. 학생들은 마냥 수동적이고 미성숙한 존재가 아니며 주체적인 한 인간이라는 사실을 잊지 말아야 한다고 '학생의 날'은 기성세대에게 전한다. 역사와 사회의 고비마다 그 억눌림에 반대하며 함께 떨쳐 일어날 줄 아는 존재였다는 사실을 상기시켜 준다.

동영상에 대해 간단하게 소감을 나눈 후, '내가 바라는 학교', '교사, 학생의 관계는 이래야 한다', '학생들은 이것이 힘들다' 등을 주제로 3분 발언을 하도록 했다. '0 교시가 힘들어요, 야자가 힘들어요,

1. 그래서 교사가 되어버렸다

수행평가를 줄였으면 좋겠어요, 젊고 예쁜 선생님들이 많았으면 좋 겠어요.' 등 아이들은 솔직한 이야기를 쏟아냈다.

지난번 학교 신문을 만들면서 전교생을 대상으로 설문조사도 해 보았다. '이런 선생님이 좋아요'라는 질문에 대한 답변 1위는 '학생 의 사정을 이해해줄 줄 아는 선생님'으로 36퍼센트를 차지했다. 2위 는 '공부할 때는 하고, 놀 때는 놀고, 유머 있는 선생님'이 22퍼센트 를 나타냈다. 3위는 '차별 없는 선생님'으로 12퍼센트였다. 기타 의견 으로는 '잘 웃어주며 항상 친절한 선생님', '우리를 위해 노력하시는 선생님', '인사할 때 흔쾌히 받아주시는 선생님', '수업시간에 인생에 대해 이야기해주시는 선생님', '소리치지 않고 손으로 다스리지 않는 선생님' 등의 의견이 있었다. 미안하게도 '젊고 예쁜 선생님'은 될 수 없지만, 나머지 학생들의 바람은 잊지 않고 살아야겠다고 생각했다.

우리 학교에서 가장 연세가 많이 드신 학생부장 선생님에 대해서 는 '항상 밝게 우리들을 맞이해주시고 등교할 때 웃어주면서 인사를 받아주셔서' 좋다고 했다. 고3 총각 담임선생님에 대해서는 '수업도 재밌게 해주시고 자상하시다'고 했고, 역사선생님에 대해서는 '무섭 지만 마음이 따뜻하고 아는 것이 많으셔서 우리에게 많이 가르쳐주 신다'고 적어놓았다. 좋아하는 선생님의 이름으로 '나'를 적어낸 아 이들은 그 이유를 '친절하고, 우리들을 잘 대해주신다'라고 꼽았다.

하지만, 학생들이 좋아하는 교사가 되기란 얼마나 어려운가. 교실 에 들어가면 잠자는 아이, 핸드폰 만지는 아이, 잡담하는 아이들에게 잔소리를 해야 한다. 많은 국어 활동을 수행평가로 반영하지 않으면 수업에 잘 참여하지 않으려고 한다. '아이들에게 잘 대해' 주기만 할 수는 없는 현실 속에 늘 어정쩡하게 있는 것만 같다.

학생들이 좋아하는 선생님들의 모습. 그것을 일관되게 실현하기 위해서는 현재 교육제도와 풍토가 바뀌어야 한다. 입시제도와 취업 현실, 열악한 시설과 비현실적인 교육과정 등이 그것이다. 교사와 학생, 학부모, 사회가 그 대안을 만들어야 할 때인데, 교사 개개인만을 평가해 내모는 무지막지한 일이 결코 생기지 않길 바란다.

언젠가 월요일 아침, 전체 교무실 회의 때,

"교사가 학생들을 장악하지 못하면 학교를 옮겨라."라며 교장선생님이 성을 내서 빈축을 산 적도 있었다.

아이들을 정규수업과 상담시간 속에서 만날 수 있도록 업무에 투여되는 노동과 에너지를 줄여야 할 것이다. 정규시간에 아예 학생 상담과 지도 시간을 넣을 것을 요구하는 목소리도 있다. 교사도 학생도 빨리 끝내고 도망치고 싶은 학교가 아니라 머무르고 싶은 학교일 수는 없을까.

조너선 코졸은 『교사로 산다는 것』에서 다음과 같이 말한다.

사려 깊은 저항자들은 흔히 더 천천히 움직이고, 사소한 싸움은 우회하고, 다른 이에게 불필요한 고통을 주지 않기 위해 아주 열심히 노력함으로써 결국 진정한 싸움에서 승리한다. 우리가 바라는 동료는 바로 이런 교사들이다.

1. 그래서 교사가 되어버렸다

학생의 날을 맞이해서 우리 시대에 교사로 산다는 것에 대해 생각한다. 학교를 불행하도록 공고하게 유지하는 죄인의 한 사람으로서 학생들 앞에서 반성한다.

'싹수 좋은 학생'만 돌보는 사회

겨울방학 직전, 동문회장님을 초청해 특강을 마련하였다. 그동안 학교 후배들을 위해 지속적으로 관심을 보인 분이라 반갑게 인사를 했다.

"이제 저는 4년이 다 돼서 이 학교를 떠나요. 선배님 모교에는 환경이 어려운 아이들이 너무 많습니다. 한 부모나 할머니, 할아버지와 사는 아이들도 많지만, 동생과 단둘이 사는 학생들도 여럿 있습니다. 성적이 우수한 학생들 말고도 환경이 어려운 아이들에게 지속적으로 관심을 가져주세요."

서울에서 사업을 하고 있는 동문회장님은 나의 간곡한 부탁에 정말 그러냐고 놀란 표정을 지으며 그러겠노라는 말을 남겨주었다.

지난 학기, 학교에 안 나오기를 밥 먹듯 했던 남학생의 집에 가정방문을 하러 갔다. 오후 6시가 넘자 초등학교 6학년 여동생이 집으로 돌아왔다. 아버지는 하는 일이 잘 안 되어서 일자리 때문에 다른 지방에 가 계시고, 저녁시간에 맞춰 안부 전화를 할 뿐이었다. 아이들 둘이서 밤을 보내야 했기에 현관문을 이중으로 꼭 잠갔다. 가끔 할머니가 오셔서 집을 치워주고 밑반찬을 만들어주고 가신다고는 했다. 깨워줄 어른이 없는 덩그런 집에서 두 아이들은 늦게 일어나 아침밥도 못 먹고 허둥지둥 학교를 가거나 또 그렇게 집안에 온종일 주저앉아 있었던 것이다. 우리 학교까지 한 번에 오는 버스가 없는 곳이라 그곳에 사시는 선생님이 등굣길에 함께 태우고 오시곤 하였다. 어린 여동생이 있으니 학교 기숙사 생활을 할 형편도 아니었다. 그 아이 말고 옆 반의 다른 여학생도 중학교 2학년 여동생과 단둘이 읍내에서 살고 있었다. 아버지가 생활비를 조금 보내주시고 있고, 이혼하고 다른 지방에 사는 엄마와는 문자만 주고받는다고 했다.

이 아이들에게 공교육은 무엇을 해야 하나. 우리 지역에서는 일 년에 몇 억 원씩 주고, 서울의 한 사교육업체 강사를 주말에 초빙해 성적이 우수한 200여 명의 중고생들을 대상으로 국·영·수 논술강의를 해주고 있다. 우리 군에는 7개 고등학교가 있고 이 중 인문계 고등학교가 두 군데 있다. 나머지는 종합고등학교와 전문계 고등학교다. 대학 진학을 위해 성적이 우수한 소수의 학생들에게는 막대한 예산을 붓고 있지만, 현재 대다수를 차지하는 소외된 청소년들을 위한 배려는 왜 없는지 몹시 안타깝다.

언제까지 '아이들을 버려두는 몹쓸 부모, 무능력하고 무책임한 부모'의 탓만 할 것인지. 그들을 돌보고, 그들의 청소년 문화를 만들어

서울 여자, 시골 선생님 되다

주고, 현실적인 교육을 투입하는 것이 우리 학교가, 우리 지자체가, 우리 정부가 해야 할 가장 시급한 일이 아닐까 싶다.

이렇게 저소득층에서는 급격하게 가정이 붕괴하고 있고, 농촌지역의 청소년들은 그 속에서 좌절감과 외로움에 지쳐가고 있다.

지난 연말, 읍내 식당에서 한 독지가를 만났다. 그는 "책 살 형편이 못 돼서 공부를 더 하지 못하는 어려운 고등학생을 돕고 싶다"고 했다. 가정 형편은 어렵지만 조금만 지원해주면 '좋은 대학'에 진학할 '싹수 좋은 학생'을 추천해줘야 했다. 그래야 후원해주는 분도 나중에 뿌듯해한다고 들었다.

팔순이 넘은 할머니 밑에서 중학교 동생과 사는 한 학생을 추천했다. 부모와의 인연은 끊겨 있고, 그야말로 의식주가 곤란한 학생이었다. '좋은 대학, 좋은 기업'에 들어가 남들 보기에 출세하며 살 순 없지만, 순수하고 성실해서 정직하게 살 아이였다. '순수하고, 성실하고, 정직하다'는 형용사가 무색할 만큼 세상은 냉정하지만 말이다.

그 독지가는 학생이 졸업할 때까지 매월 기숙사비에 해당하는 금액을 지속적으로 지원해주기로 했고, 다른 학교의 고등학생 열 명가량을 더 지원해주기로 했으니 참으로 고마운 일이다. 그것도 이렇게 요란하지 않고 고요하게 장학금을 선물로 주니 더욱 그러하다.

첫 발령받은 학교를 4년 만에 떠나며, 학생 한 명을 장학생으로 추천해주고 오면서도 '또 다른 숱한 아이들'이 눈에 밟혔다.

그리고 나서 얼마 후 정기검사를 받으러 모처럼 병원에 갔다. 흰

가운을 입고 마스크로 얼굴을 꽁꽁 가렸지만, 말해주지 않아도 그분
임을 한 번에 알아볼 수 있었다.

2

저 찬란한 꽃들에게
들으라

국어샘은 돼지를 좋아해

졸업을 불과 한 학기 남겨두고, 가정 형편이 매우 열악한 고3 남학생이 자퇴서를 냈다. 길에서 우연히 만난 그 아이에게 말을 꺼냈다.

"고등학교 졸업장 없이 힘들지 않겠냐."

"선생님들 말 다 똑같아요, 그 말만 수도 없이 들었다고요."

아이는 이렇게 말하며 뿌리쳤다. 교장선생님이 '우리 학교 선생님이 몇 명인데, 그 아이를 설득해서 학교를 다니게 할 사람이 한 명도 없냐'고 닦달을 한 뒤였다.

내가 좋아하는 한 뮤지션은 자퇴와 가출을 한 학생들을 무조건 문제시하는 교사와는 달리 절망하고 있는 아이들의 차가운 눈물을 닦아줄 음악을 들려주었다. 「컴백홈」. 그 노래를 들은 아이들은 자신이 소중한 존재임을 불현듯 깨닫고 집으로 돌아왔다는 소식이 9시 뉴스

2. 저 찬란한 꽃들에게 들으라

를 통해 방송되었다.

서태지. 그는 고등학교 1학년 때 학교를 자퇴하고 밴드 시나위의 베이스로 들어가 끝없이 연주 연습을 했다고 한다. 1992년 '서태지와 아이들'로 데뷔한 후 최근까지 변함없는 모습으로 음악을 통해 그만의 메시지를 전하고 있다.

얼마 전 '서태지 심포니 공연'을 보러 서울 상암 월드컵 경기장엘 다녀왔다. 그는 여전히 학교는 삶의 '걸림돌'이라고 외쳤다.

"이 노래가 93년도에 나왔죠. 이십 년이 흘렀는데도 한국의 교육 현실은 하나도 나아진 것이 없어요. 엉망진창이야. 여러분이 바꾸지 않으면 아무도 바꾸지 않죠. 여러분은 바꿀 수 있을 거예요."라며 「교실 이데아」를 불렀다. 1993년, 이 노래를 부르며 무대 위의 사다리를 발로 넘어뜨리던 퍼포먼스가 아직도 기억난다. 그 노래를 수없이 들으며 전율했던 나는 이제 대한민국 교사가 되어 그의 민망한 멘트를 듣고 있다. 권위적이고 억압적인 기성세대에 저항하던 나도 어른이 되어 "됐어 됐어, 이제 그런 가르침은 됐어!"를 목 놓아 따라 부르고 있는 것이다.

"돈으로 명예를 사고 친구를 샀던 썩어버린 인간들. 정복당해 버린 지구에서 쓰러져가 버리는 우리의 마음 돈의 노예. 이미 너에게 남은 자존심은 없었어"라는, 「1996, 그들이 지구를 지배했을 때」라는 노래는 자본주의 사회의 경종을 울리는 음악이다. 그의 음악을 다시 돌려 들으며 우리의 삶과 세상을 돌아볼 수 있다는 사실이 새삼 놀랍다.

서울 여자, 시골 선생님 되다

2008년, 미국산 쇠고기 수입을 반대하며 거리로 나온 촛불집회가 많은 사람들에게 감동과 공감을 일으킨 이유는 그 저항하는 방식이 새롭고 창의적이라는 데에도 있었다. 나는 그때 서태지의 「시대유감」 노래가 떠올랐다.

검게 물든 입술, 정직한 사람들의 시대는 갔어.
숱한 가식 속에 오늘은 아우성을 들을 수 있어 .
왜 기다려왔잖아. 모든 삶을 포기하는 소리를.
이 세상이 모두 미쳐버릴 일이 벌어질 것 같네 .
바로 오늘이 두 개의 달이 떠오르는 밤이야.
네 가슴에 맺힌 한을 풀 수 있도록.

−서태지의 곡「시대유감」부분

그 노래의 메시지는 분명했다. 서태지는 그 노래를 부르기 전에 이렇게 외친다.

"자, 정신줄 놓고 지금부터 노는 거예요. 2008년 '시대유감' 할 텐데, 당신들 말이야, 한이 많이 맺혔죠?"

메시지가 있으나 당대 민중가요와는 달리 다양한 음악적 형식이 결합되어 있고, 엄숙하지만은 않았다. "바로 오늘이 두 개의 달이 떠오르는 밤이야"라는 노랫말에서는 우리나라 향가 「도솔가」의 배경 설화가 떠오르기도 했다. 「도솔가」는 하늘에 해가 둘 나타난 괴변을 없애기 위한 의식에서 불린 노랫말이다. "두 해(달)가 함께 나타났다"는 것은 왕에 도전할 세력의 출현을 상징적으로 보여준 것이 아니었는가. 노래를 다 부르고 나선 "한이 다 풀렸냐?"라는 말을 통해 사람들의 저항 의식을 대중적으로 대변하기도 했다.

그는 당시 이 노래를 사전 심의했던 공연윤리심의위원회에 저항하기 위해 가사 없이 음반에 수록하고, 사전 심의 철폐를 위한 행동을 벌이기도 했다. 이 노래 때문에 정보원들에게 조사받은 일도 있었다고 최근 밝혔다. 비합법 음반을 내며 적극적으로 활동한 정태춘 뒤에는 서태지도 있었다.

그의 음악은 당대 젊은이들을 대변했고, 그들과 소통했다. 20년 동안 철저히 자기 관리를 하면서도 팬들과의 교감은 정말 남다르다. 그는 획일적인 교육제도 안에서 고통받고, 졸업 후에도 진로 문제 등으로 번민하는 이들을 위로하고 격려할 줄 아는 적극적인 대중음악을 들려주었다. 민족문제, 자본주의 문제, 여성문제, 교육문제, 인터넷 문화의 역기능 등 다양한 사회 현실에 대해 노래했다.

변화를 두려워하는 기성세대에 순응하지 않고 도전할 줄 알았고, 새로운 창작 활동과 공연으로 지지를 받는 태지는 20세기에서 21세기로 넘어왔다. 8집 싱글앨범 중 「틱탁」이라는 노래에는 "뚜렷한 가치를 담지 못한 너의 텅 빈 브레인(brain)"이라는 구절이 있다. 뚜렷한 가치관을 담지 못하고 어영부영할 때가 많은 나는 노래에 공감했다.

이른바 '서태지와 서태지 세대'도 30대를 지나 기성세대로 넘어가는 기로에 서 있다. '서태지의 노래를 기성세대는 영원히 알아듣지 못했으면 좋겠다'던 청소년들. 서태지의 노래는 시끄럽다고 꺼버리는 기성세대. 1990년대 초에는 그를 악마라고 부르던 이들도 있었다. 경계는 분명이 존재했다. 청소년들은 수동적이고 미성숙한 존재이므로 통제하고 관리해야 한다는 권위적인 교육관 속에서 눌린 그들은 서태지와 함께 슬램을 하고, 함성을 질렀다.

나 역시 감수성 예민한 시절에 저항했던 기성세대의 모습으로 늙고 싶진 않다. 불합리하지만 익숙한 교육제도 속에 적당히 타협하며 사는 중년 여교사가 되는 것은 정말 상상하기도 싫다.

'서른여덟의 태지는 자기를 기다려준 팬들 앞에 또 새로운 음악을 전하는구나. 도전과 열정이 남달라. 왜 너는 늙지 않는 거야!'

그의 음악을 통해 감수성 예민했던 청춘을 떠올리고, 지금의 내 모습을 되돌아보고 자극을 받고 있으니, 아무래도 그는 참 대단한 대중음악가가 아닌가.

저마다 좋아하는 대중음악과 대중음악가가 있다는 것은 분명 삶을 즐겁게 한다. 20년 동안 자신의 팬들과 소통하며 신뢰와 무한한 애정을 주고받는 서태지의 한결같은 모습이 나는 참 좋다.

자신이 잘할 수 있는 일에 열정을 다하고, '또 다른 수천수만의 서태지'로 살기 위해 노력하는 많은 팬들이 있다.

다음 9집 앨범을 들고 나올 때 서태지도 나도 40대일 것이다. 아니 40대 청년일 수도 있을 것만 같다. 그가 또 다른 음악 아이템을 고민하고 창작하는 동안, 나도 내 삶과 교육과 문학활동을 새롭게 해

나가고 싶다.

그것이 '이젠 한물간' 서태지를 아직도 좋아하고, '조 선생, 나이가 몇인데 아직도 대중 가수를 좋아하냐'라는 물음에 대한 대답이다.

서태지 데뷔 20주년. 그날을 기념하기 위해 브라질의 어느 훼손된 밀림에 팬들은 '서태지 숲'을 만들고 있다.

한글날의 위기

한글날이다. 아이들은 오늘이 공휴일이 아닌 것을 너무나 아쉬워한다. '한글날의 의미를 담은 내용의 순우리말 핸드폰 문자를 받겠다'고 알렸다. 아침부터 '오늘은 한글을 한 글자씩 써내려가면서 한글의 고마움을 느끼는 날!'이라는 문자가 이어졌다.

수업시간에 교육방송 '지식 채널' 중 '말모이 대작전'이라는 5분짜리 동영상을 봤다. 1929년부터 1942년까지 국어학자들과 국민들의 후원으로 최초의 '큰말사전'이 탄생되는 과정을 보여주고 있다. 현존하는 약 3,000여 개의 언어 중 고유 사전을 가진 언어는 스무 개밖에 되지 않는다고 한다. 일본 경찰은 큰말사전을 편찬하는 그들의 활동이 '민족정신을 높임으로써 독립을 목적으로 할 수 있다'는 이유로 학자 스물아홉 명을 투옥하고, 이 중 두 명을 고문으로 죽였다고 전한다.

2. 저 찬란한 꽃들에게 들으라

서울 여자, 시골 선생님 되다

아이들은 "국어공부만 하고 영어를 하지 않으면 얼마나 좋아요."
라고 말한다. 그런 아이들 책상 위에는 다음 시간에 쪽지시험을 봐야
하는 영어단어장이 문학 교과서 아래 펼쳐져 있다. 무엇보다 영어를
잘해야 입시제도를 무사히 통과해 소위 명문대학에 들어갈 수 있는 교
육 현실. 출세를 위한 언어가 우선시되는 사회에서 모국어는 서럽다.

지금 농촌에서 아이들을 키우는 부모들은 '자연에서 행복하게 지
내며 감수성도 키우고, 공부도 좀 잘해 나중에 더 넓은 도시로 나가
그곳에서의 경쟁에서 뒤지지 않았으면 하는' 꿈을 꾼다.

'자연에서 뛰어놀며 책이나 많이 읽으면서 초등학교를 보내자'고
딸들에게 말하면서도 영어교육에 대한 불안감을 떨쳐버리지 못하고
사는 내 자신을 바라본다. 그래서, 필리핀도 영어 공용어를 쓰는 나
라니까 필리핀에서 이주해 온 여성분께 영어를 배우라는 초등학교 교
사인 친구의 조언에 솔깃해 딸아이에게 영어 개인 과외를 시킨 적도
있었다. 시부모님, 남편과 한집에서 살던 그 필리핀 선생님은 언어와
문화적 차이 때문에 힘들어하신 것 같았는데, 결국 사정이 있다면서
그만두셨고 이혼 절차를 밟고 그녀의 모국으로 돌아갔다.

우리 학교 영어선생님에게 초등학교 5학년에게 필요한 것을 추천
해달라고 했더니 『중학영어단어장』을 골라주시면서 '이 정도는 이미
다 떼었어야 한다'고 한다. 그날로 『중학영어단어장』을 사서 아이에
게 주고 매일매일 '너 스스로 해'라고 하면서 압박을 했다. 그 영어단
어장을 본 학습지 담당 선생님은 선생님대로 다른 것은 시키지 말고,
자신과 함께 학습지를 하면서 영어 테이프를 듣게 하면 된다고 하였

2. 저 찬란한 꽃들에게 들으라

다. 동네 초등학교 엄마들은 매일 영어 환경에 노출시켜야 한다면서 읍내 영어학원 버스에 아이들을 같이 실려 보내자고 권한다. 농촌에서도 영어교육에 대한 불안과 공포를 부추긴다.

한글날의 위기는 나의 내부로부터 나온다. '영어식민주의'를 비난하면서도 자녀의 영어교육을 걱정하는 이중적인 대한민국 엄마인 나를 고백하며 반성하고자 한다. 참회라도 하고 싶은 심정이다. 정작 나는 영어를 못해도 이렇게 행복하게 잘 살고 있는데…… 스무 살이 되면 다 잊어버려도 되니, 대학입시 영어시험에서 높은 점수를 받을 때까지만 잘 참고 공부하라고 해야 할까. 나는 왜 영어공부를 해야 하는지 딸아이에게 하나도 설득을 못 시키고 있다.

대학입시 시험에서 영어에 대한 비중을 대폭 줄여야 한다. 다른 제2외국어처럼 일본어와 중국어와 영어를 선택하게 해야 한다.

근본적으로는 대학을 평준화시켜 대학입시에 대한 지옥 같은 부담을 줄였으면 한다. 아이들에게 저마다의 소질과 재능에 맞게 다양한 선택을 허용하고 보장하는 사회, 외국어가 아니라 바른 모국어의 사용과 모국어로 된 우리나라의 고전을 읽고 즐기는 사회를 꿈꾸고자 한다.

다음은 2008년 전국국어교사모임에서 발표한 '우리말로 행복을 누릴 권리 선언'의 일부 내용이다.

1. 정부는 우리말로 행복을 누릴 권리를 법제화하라.
2. 나라 일꾼들과 언론부터 국어기본법을 지키라.

서울 여자, 시골 선생님 되다

3. 정부는 조기 영어교육, 영어 몰입교육을 부추기는 온갖 정
   책을 거두라.

4. 정부는 한글날이 범국민 축제가 되도록 공휴일로 제정하라.

5. 자치단체들은 영어로 된 모든 홍보 문구를 정겨운 우리말로
   바꾸라.

6. 교육을 양극화와 영어 몰입으로 몰아갈 국제 중학교를 그만
   두라.

인문계 고등학교로 오다

　면단위 조그만 종합고등학교에서 4년을 전부 보내고, 올해는 읍내 고등학교로 발령을 받았다. 가정방문을 다녀온 담임선생님들은 작년보다 아이들의 가정 형편이 좋아 보인다고 말했다. 같은 군인데 읍내와 면단위 고등학생들의 형편이 이렇게 차이가 날까 싶었다. 여기 읍내 아이들은 우선 어른들이 보기에 대부분 단정하고, 무엇보다 밝고 환하게 잘 웃는다. 옆 자리의 선생님은 이 아이들에게 '천사' 같다고 칭찬을 하신다. 그 전에 있었던 학교에서 옆자리에 앉았던 어느 선생님은 아이들에게 '돌대가리'라며 모욕을 주었는데…….

　문득 그곳에서 만난 아이들 생각이 난다.

　문학수업 시간에 아이들과 토론한 공선옥의 『유랑가족』과 다르지 않은 현실의 고단함을 알 수 있었다. 소설은 작가의 고향인 전라도 곡

서울 여자, 시골 선생님 되다

성을 배경으로 하고 있는데, 소설 속 가정은 붕괴되어 유랑하는 삶을 살기 위해 떠나야 했다. 그 소설은 연작소설인데 그중 「남쪽 바다, 푸른 나라」는 실제로 고흥군 금산을 배경으로 하고 있다. 의지할 데 없는 아이가 혈육을 찾아 금산까지 찾아오는데 태풍과 함께 그 선량한 사람들도 앞길을 알 수 없도록 결말을 만들었다. 공선옥 작가는 언제 고흥 금산을 다녀갔을까, 궁금해진다. 가난은 죄가 아니고, 게으름의 결과도 아니라는 것을 작가는 말하고 있지만, 아이들 눈앞의 현실은 가슴을 종종 아프게 했다.

가정이 붕괴된 아이들. 지역아동센터나 청소년센터에서 지원을 하기도 한다고 들었지만, 그 아이들의 삶에 큰 위로와 힘이 되지는 못하는 경우가 많다. 또 기초생활수급자로 정부의 보조를 받기도 하고, 이름을 밝히지 않고 후원하는 사람도 간혹 있지만, 아슬아슬한 아이들의 삶을 지켜주기에 그 힘이 너무 미비하다.

군에서는 우수한 학생들이 외부 도시로 진학하는 것을 막는다는 명목으로 주말마다 서울의 입시학원 강사를 섭외해 소수의 아이들에게 입시 과목을 수강하도록 하고 있다. 영어 자격증 시험을 주관해 우수한 성적의 아이들에게는 미국 여행도 무료로 보내주고 있다. 내가 만약 공부를 아주 잘하는 아이의 부모라면 교재, 심지어 택시비와 간식비까지 공짜로 지원해주는 군에서의 사교육에 대해 긍정적으로 생각할 것이다. 하지만 그것이 세금이나 지역교육발전기금이라는 공공의 예산으로 소수에게 투여되는 예산이기에 문제가 된다. 보다 많은 학

2. 저 찬란한 꽃들에게 들으라

생들에게 교육적 혜택이 균등하게 돌아가야 하는데 일부에만 편중되고 있지 않은지 재고해보아야 할 것이다.

지자체에서는 돌봄이 필요한 아이들이 얼마나 되고, 그들의 삶이 어떤 조건에 놓여 있는지 시급하게 파악한 후 구체적인 지원 정책을 펴야 할 것이다. 그리고, 다양한 학생들의 특기와 재능을 향상시킬 수 있도록 교육 프로그램과 공간을 제공했으면 한다. 우리나라는 학교에 많은 책임을 떠넘기고 있는데, 학교 밖에 청소년들이 향유할 교육 문화적 공간이 마련되어 있는지 둘러보길 바란다.

우리 학교는 농촌 우수 고등학교 육성사업의 일환으로 기숙형 공립학교가 되었고, 현재 서울대 합격생을 배출해보려고 온 힘을 쏟고 있다. 모의고사를 보면, "언어영역 1등급이 몇 명이냐? 1등급이 몇 명은 나와줘야 한다"며 주로 1등급을 받은 학생들의 숫자에만 관심이 집중되어 있고, 그 결과로 지역의 학교 간에 경쟁을 하는 것으로 알고 있다. "전교 1등인 아무개 학생은 지역균형선발제도로 서울대에 가야 하니 전체 내신 과목에서 1등급이 나올 수 있도록 지도해달라"는 말이 은밀히 오고 간다. 소수의 학생이 1등급을 받는 것보다 다수의 학생이 과목에 흥미를 느끼고 공부 방법을 알아가며 조금씩 실력 향상이 되었으면 한다.

모의고사를 한바탕 치르고 나서, 나는 아이들에게 전부 수고했고, 잘했다고 칭찬을 해주었다.

"우리가 쇠고기도 아닌데 만날 등급으로 스트레스 받지 말자, 적어도 문학시간에는 말이야."

교사도 학부모들도 적극적으로 대학 평준화를 위한 활동을 함께 해나갔으면 좋겠다. 대학이 서열화되어 있는 한 세계적으로 유례가 없는 이 끔찍한 입시경쟁에서 벗어나기 힘들 것이다. '축 합격 서울대' 현수막에 걸린 학생의 이름을 내 자녀의 이름으로 만들고 싶은 욕망에서 벗어난다면 학부모도 교사도 학생들도 조금은 더 행복해질 수 있을 것이다.

꽃피는 봄은 왔지만

3월 첫째 주. 산과 들에 향기로운 어린 쑥을 비롯한 봄나물들이 올라오고, 매화도 산수유도 꽃망울을 터뜨렸다. 공립학교 교사의 즐거움이란 이런 걸까. 새로운 학교, 새로운 동료 선생님들, 새로운 아이들과 만나볼 수 있으니 말이다. 보통 개학날이 다가오면 어떻게 일년을 시작하나 걱정이 되어 초조해지기 마련인데, 새로운 학교로 옮겨서인지 설렘이 한가득 마음으로 번져 온다. 읍내 고등학교라 대학입시 준비에 다들 녹초가 되어 있을까, 그래도 국어와 문학수업을 통해 사람과 세상을 이해하고, 올바른 가치관을 세우도록 노력해야겠다는 생각을 잊지 않을 것이다.

새로운 학교로 옮겼으니 첫 주에는 진단평가를 해볼 참이다. 내가 가르칠 학년이 고등학교 2학년이니까 지난 일 년 동안 국어 과목

서울 여자, 시골 선생님 되다

2. 저 찬란한 꽃들에게 들으라

을 얼마만큼 이해했는지, 문학에 대한 개념과 폭을 어느 정도까지 알고 있는지. 그 수준을 알아야 일 년 수업을 구체적으로 계획할 수 있기 때문이다. 내 스스로 마련한 학생들의 진단평가 결과를 분석해 고대부터 현대까지 문학작품을 이해하고 감상하며 분석하는 수업을 해볼 계획이다.

수업을 가르치는 교사가 진단평가를 통해 학생들의 수준을 파악하는 것은 당연하다. 국가가 획일화된 질문으로만 아이들을 줄 세우는 것은 진정한 교육이 아닐 것이다. 평가는 더 나은 수업과 목표 설정을 위한 점검이다. 그것은 수업을 담당하는 교사가 가장 잘 안다. 그런데, 국가가 온 나라의 학생들에게 똑같은 시험을 강요하고, 그 결과에 따라 지원을 달리하겠다고 엄포를 놓고, 무한경쟁을 하라고 채찍질하는 현실이 너무 섬뜩하다. 학기 초에 불필요한 업무와 갈등만을 안겨주는 꼴이다.

지난해 일제고사에 대한 선택권이 학부모와 학생에 있음을 안내한 교사 12명이 해임, 파면됐다. 전북 임실군의 기적이라며 쇼를 벌이더니, 성적 조작이 있었다고 한바탕 호들갑을 떨었다. 아이들은 성적에도 안 들어가는 시험이라고 오답을 적거나 건성건성 푼다. 국민의 70퍼센트가 이 정권의 교육정책에 반대한다는 여론조사 결과도 나왔다. 살림은 어려운데 미친 사교육비는 전년 대비 4.3퍼센트 증가했고, 학생 1인당 월평균 사교육비는 5퍼센트 늘어났다. 지난해 사교육비는 21조 원. 일제고사 결과를 받아보고 부족한 과목은 또다시 사교육으로 충당하라는 부추김은 끝도 없을 것이다.

농촌의 학교 아이들은 전국 하위권이라는 성적표를 받아봐야 할 것이다. 아이들 학력의 차이는 이미 부모의 사회 경제적 지위와 비례한다는 것은 누구나 아는 사실이니까. 3월 30일에 진단평가를 국가에서 한다고? 이미 3월 한 달이면 교사는 학생들의 수준을 파악해 수업에 들어간 상태다. 교사마다 학생들을 진단하는 일은 대부분 개학 첫 주에 다양한 방식으로 하고 있다. 국가가 그렇게 큰 예산을 들여 시행하고, 그 결과를 발표하고, 그에 굴종하지 않으면 교사를 자르면서 다그치지 않아도 될 일이다. 우리 지역에서도 뜻을 같이한 학부모들이 일제고사를 보는 날, 자녀를 데리고 체험학습을 가겠다고 나섰다.

무한경쟁의 결과 속에 절망하는 아이들, 밑도 끝도 없이 희망을 가지라는 '희망고문.' 세상 돌아가는 교육정책 속에 새봄이 오싹해지는 것은 나만이 아닐 것이다. 그럼에도 불구하고, 새 학기 첫 수업. 아이들 앞에서 또다시 꿈과 희망을 가지라는 말로 시작할 수밖에 없다. 아이들은 저 들판의 부드럽고 푸른 잎싹이므로. 그들이 만들어갈 숲은 또다시 사계절마다 새로워져야 하기 때문이다.

2. 저 찬란한 꽃들에게 들으라

가정방문 가는 길

　매화가 피어 있는 돌담길을 지나 가정방문을 가는 날은 아이들을 새롭게 만나는 날이다. 어떤 길모퉁이를 지나 학교로 걸어오는지, 어느 들판에서 봄꽃이 피고 지는 것을 바라보며 자랐는지를 상상해볼 수 있다. 부모님이나 조부모님을 찾아뵙고 이런저런 이야기를 듣고 나오며 그들을 키운 여러 손길에 대해서도 생각한다. 그러면 담임인 나의 마음은 아이들을 향해 더욱 바짝 다가가게 되는 것 같아 올해도 우리 반 서른한 명의 가정방문을 모두 챙기려고 한다.

　가정방문을 하는 철이 되면, 교사 사이에 가정방문에 대한 찬성 반대 의견이 나온다. 보통 가정방문을 하게 되면, 학부모들은 상당한 부담감을 느끼게 될 것이라는 의견이 있다. 도시의 어느 학교에서는 촌지를 받는 경우가 생길 수 있어서 가정방문을 금지하는 곳도 있다고 한다. 그동안 내가 가정방문을 하면서 부모님들에게 받은 건 직접 말린 다시마나 멸치, 직접 하우스에서 재배한 오이 같은 것들이었다. 아이들의 사적인 공간을 교사에게 공개하기를 원하지 않는 경우도 있다. 이옥수의 청소년 소설『푸른 사다리』에는 비닐하우스촌인 자신의 집으로 가정방문 하러 오는 담임교사를 피하면서 주인공 아이의 탈선이 시작되기도 한다. 그래서 사전에 가정방문을 하겠다는 통신문을 보내고 방문을 할지 말지를 묻는 일을 한다.

많은 우려에도 불구하고 여전히 학기 초 학급 운영과 교육활동의 시작은 가정방문이다. 학생들과 집으로 오고 가는 길에서 자연스럽게 상담 활동이 이루어진다. 특히 학급 실장이 된 아이와 동행을 하는 시간에는 학급 운영을 어떻게 할지를 의논하기도 한다. 올해 우리 반 실장은 내 차 옆자리에 앉아서 우리 반 학생들 누구 하나도 소외감을 갖지 않도록 친구들에게 관심을 많이 가져보고 싶다고 했다. 영어를 좋아해서 유학을 가고 싶은데 성적이 안 나와서 걱정이라는 말과 함께. 그 아이가 사는 나로도라는 섬은 최근 우주센터로 유명해진 섬과 바다가 참 아름다운 곳이다.

집을 방문하여 공부하는 방을 보고, 키워주신 분들의 표정과 몸짓을 바라보면 아이들의 삶을 생각하는 계기가 된다. 나에게는 어떤 자기소개서나 자서전보다 생생하게 아이들을 이해하는 새 학기의 창구가 되고 있다. 장학금을 추천하거나 자기소개서를 검토해주고, 교사추천제라는 것을 쓸 때도 큰 도움이 된다. 무엇보다 일 년 동안 담임으로서 이 아이들과 함께 잘 지내고 싶은 마음을 꼭꼭 눌러 담게 되는 계기가 된다.

마치 길손이 되어 가정방문 길에 오른다. 오늘은 해창만 들길을 따라 오르막길을 올라가서 우리 반 아이를 홀로 키워온 할머니를 찾아뵈었다. 오래된 장롱 앞에 앉은 나에게 쑥떡과 조청, 미숫가루를 내주신다. 한사코 조청에 쑥떡을 찍어 입으로 넣어주시는 그 주름진 손길과 말의 여운을 생각하면 어려운 환경에서도 사랑받으며 예쁘게 컸겠구나 하는 생각이 든다.

녹동항에서 배를 타고 섬으로 들어가는 가정방문도 언제나 인상적이다. 잠시나마 학교를 벗어나 수평선 따라 소풍 나온 것 같은 기분이 든다. 그 섬에 학교가 사라지고, 육지와 연결되는 다리 공사를 한다는 소식에 안타까운 생각이 든다. 왜 동생들을 돌봐야 하기 때문에 서둘러 집에 가야 하는 일이 생기는지, 어떻게 유치원 교사의 꿈을 꾸었는지 가만히 엿보게 된다.

매화 꽃망울이 터진 등암의 골목길을 지나 들어간 마당 한쪽에 아직도 깨끗한 우물이 있다. 그 물로 손빨래를 하는 집 마루에 앉아 이 두 형제들이 어떻게 집안에서 시간을 보내는지, 할머니 할아버지는 어떤 마음을 가진 분들인지 바라보게 한다.

봄꽃 같은 아이들이 제도교육과 입시제도의 우울한 구름 속에서 열심히 살며 공부하고 있다. 더불어 환해지는 봄날, 우중충한 건 늘 교육 당국의 정책이다. 아이들에게 뜬구름을 잡게 하고, 불안하게 하고, 좌절하게 만드는 고등학교의 구조 속에서 또 한 해를 시작한다.

서울 여자, 시골 선생님 되다

　이렇게 환한 3월 학기 초에는 모든 아이들을 일 년 동안 변함없이 사랑할 것만 같은 마음인데, 시간이 흐르면 그것을 지키기가 너무 어려워지는 건 왜일까. 자신들을 이해해줄 것만 같은 선생님으로 나에게 다가오다가 학년 말이 되면 배반당했다고 느끼는 아이들. 아이들에게 진실된 배움을 주고 싶은 마음을 한결같이 지키는 것이 얼마나 어려운지 알면서도 학기 초 가정방문을 하는 그 꽃길을 걸으며 다시 처음부터 시작하고자 한다.

책의 날, 도서실에서 놀다

4월 23일은 세계 책의 날이다. 도서실에서 '책 제목을 맞혀라' 등의 독서 행사를 진행했다. 책 소개 글이 담긴 쪽지를 골라 제시된 책의 제목을 맞히면 되는 것이다. 이날 퀴즈대회에 걸린 상품은 '착한 초콜릿.' 얼마 전 아이들과 함께 본 교육방송 '지식 채널'을 통해 시중에 유통되는 대부분의 초콜릿이 아프리카 어린이들이 노예처럼 일해 만든 것이라는 사실을 알게 됐다. 카카오 농장에서 일하고 있는 어린이들 66퍼센트가 학교에 다니지 못하고 있고, 64퍼센트는 14세 미만이라고 한다. 이 어린이들 가운데 1만 2,500여 명은 농장에 친척이 없고, 인근 지역에 연고가 없어 인신매매 가능성이 있음을 경고했다.

책의 날 행사 상품으로 내 건 '착한 초콜릿'은 세계공정무역회의 인증을 받은 초콜릿이다. 가난한 어린이들의 노동을 착취하지 않고, 정

서울 여자, 시골 선생님 되다

당한 가격을 지불하고 들여오는 것을 원칙으로 한다. 수익금의 일부는 그들의 의료시설이나 학교를 짓는 데 쓰인다고 한다. '착한 초콜릿'의 의미에 대해 아이들은 공감했고, 시중에서 파는 식품첨가물과 함께 범벅된 '나쁜 초콜릿'보다 맛있다며 즐겁게 책 퀴즈대회에 참가했다. 어디 '나쁜 초콜릿'만 문제겠는가. 불공정한 노동착취와 거래, 환경 파괴 등의 일이 국경을 넘어 전 세계적으로 일어나고 있으니 말이다.

평소 조용하기만 한 도서실에 왁자지껄 웃음이 떠나질 않는다. 책 제목을 맞히기 위해 긴 줄서기, 제목이 생각날 듯 말 듯 고민하는 오묘한 표정, 제목을 맞히고 착한 초콜릿을 선물로 받아 환호하며 뛰어가는 모습. 우리 학교는 학생들이 도서부 활동을 활발하게 잘하고 있다. 학년별로 5명씩 공개 선발을 하는데, 제법 자치적으로 도서실을 운영한다. 그래서 독서행사도 도서부 학생들 10명이 똘똘 뭉쳐 진행하고 있다.

도서실로 향하는 복도에는 선생님들과 학생들에게 받은 '좋아하는 책 구절'을 전시했다. 물리선생님은 『연금술사』 가운데 "자네가 무언가를 간절히 원할 때 우주는 자네의 소망이 실현되도록 도와준다네."라는 구절을 추천해주었다. 국사선생님은 "내가 좋아하는 사람이 나를 좋아해주는 건 기적이란다."라는 구절이 들어 있는 『어린 왕자』를 추천해주었다. 아이들도 저마다 좋아하는 책의 구절을 소개하고 전시했다.

대학입시에 짓눌려 매일 끝도 없는 문제 풀이에 지친 아이들과 함께 책 속으로 빠져 즐겁게 웃을 수 있는 날. 영어와 수학 문제 풀이로

학교에서 도서실은 그나마 '나'를 찾아 숨 쉴 수 있는 공간이다. 책을 통해 다양하게 만나는 일이 가능하다.

진정한 독서는 뒤로 미뤄야 하는 고등학생들의 현실 앞에서 다시 좋은 책을 권한다. 물론 책 제목을 맞히는 행사는 일회적이다. 책을 깊이 있게 읽고 사색하여 내면화시키는 일과는 거리가 멀다. 그래도 일년의 독서활동을 시작하며 동기 유발을 하기에는 괜찮은 일 같다. 올해는 이 외에도 독서토론과 청소년 소설 감상문 공모전, 작가 초청

서울 여자, 시골 선생님 되다

강연회를 기획 중이다.

　우리나라에서 자신이 좋아하는 일을 하며 행복하게 사는 사람은 얼마나 될까. 더 나은 대학, 돈 잘 벌고 취업이 잘되는 학과에 지원하기 위해서가 아니라 자신이 행복하게 살 수 있는 꿈을 향해 달려갈 수 있도록 해야 한다. 부모의 경제적 능력이 아니라, 자신의 능력에 맞는 교육을 받을 권리를 누릴 수는 없는지. 어느 학교를 얼마만큼 나왔는지에 따라 매겨지는 차별과 간극을 조금이라도 줄여야 할 것이다.
　아이들과 함께 문학과 삶에 대해 이야기하고, 나날이 배움으로 이끄는 국어교사는 즐겁다. 쳇바퀴 도는 듯한 좁은 일상의 학교 안에서 좌충우돌하면서도 말이다. 그런 점에서 학교 도서실은 그나마 '나'를 찾아 숨 쉴 수 있는 공간이다. 세상을 향해 고개를 드는 창 같은 곳이다. 아이들도 그렇게 학교 도서실에 마음을 담아두면 좋겠다.

작은 학교 도서실에서 세상 만나기

작년 일 년 동안 익숙했던 교무실에서 짐을 옮겨 도서실로 이사를 했다. 좀 쓸쓸하기도 했지만, 수업 연구와 독서에 시간을 많이 보내고, 도서실에서 아이들을 진솔하게 만날 수 있다면 좋겠다고 생각했다. 밖에 나가 커피포트를 사고, 각종 차를 챙겨놓았다. 오늘은 집에 있는 다기 세트를 가지고 왔다. 점심시간에 고3이 된 남자아이들이 찾아왔길래 녹차를 우려 한 잔씩 따라줬다. 짜식들, 마치 소주를 마시듯이 건배를 하자며 홀짝 잘도 마신다.

어제는 학급 선거에서 떨어진 두 아이가 와서 울다가 웃다가 이야기를 풀어놓고 갔다. 오늘은 우리 반의 떡대 같은 남자아이랑 이야기를 하는데, 조심스럽게 어린 시절에 겪은 일을 염두에 두고서, "그때 기억나? 어린 나이에 힘들었겠다."고 했더니 굵은 눈물을 뚝뚝 흘렸다.

서울 여자, 시골 선생님 되다

이렇게 눈물이 많은 아이들의 그 담임이라고, 같이 따라 울었다. 그런 말을 건넨 것은 공감하고 치유해주고 싶어서였지만, 괜한 걸 물어본 것은 아닌지 걱정됐다.

오늘은 1층 교무실에서 선생님들이 도서실로 올라오셨길래 커피를 한 잔씩 드렸다. 커피콩을 갈고, 여과지에 내려서 마셨다. 노란색 커피믹스를 털어서 뜨거운 정수기 물을 받아서 마시는 것과는 다를 것이다. 커피에도 마음이 스며 있다고 해야 할까.

도서실에서 수다도 떨고 협의도 한다. 한 달에 한 번 독서토론을 하기로 했는데, 이 달의 책인 홍세화의『생각의 좌표』여러 권이 도착했다. '사제동행 독서토론 동아리 지원비'를 비롯해 독서활동과 동아리 예산으로 책을 사서, 토론에 참가하는 아이들에게 10권, 도서부 학생들에게 10권을 무상으로 나눠주기로 했다. 책을 공짜로 받을 수 있다고 하니, 아이들이 적극적으로 독서토론에 참여한다. 책 안쪽에 자기의 사인도 제법 근사하게 남긴다. 자기 책이라고 하면, 아무래도 도서실에서 빌려 보는 것하고는 달리 세심하게 책을 읽는다.

도서부 모임에서 먼저 사전 토론을 하고, 토론 주제를 뽑을 계획이다. 그 결과를 가지고, 1~2학년 10명에게 주제를 미리 알려주고, 당일 허심탄회한 이야기 토론을 해볼 생각이다. 스스로 읽은 책과 자유로운 토론 활동을 통해 아이들이 교과서에서 벗어나 좀 더 넓고 주체적이고 새로운 생각을 하게 되지 않을까 하는 생각에서 추진하고자 한다.

도서실에 따뜻한 음악이 흐르고, 아이들과 책 이야기를 하고, 차를 나눠 마시며 삶을 나눌 수 있는 공간을 만드는 일. 우리가 읽은 책의 저자를 초청해서 직접 이야기 듣는 일, 책을 읽고, 또 스스로 창작해보고 합평회를 하는 일. 내가 바라는 학교 도서실의 모습이다. 옆의 국어선생님은 내가 도서실에서 한 일 중 인상적인 것은 도서실 게시판에 '이달의 작가'라는 코너를 만들어 작가와 대표작을 소개해주는 것이었다고 한다. '이달의 작가'는 소설가 신경숙이다. 농촌 출신의 주인공이 서울의 한 산업체에서 일하며 공부를 하다가 담임선생님으로부터 글을 잘 쓴다는 칭찬을 듣고 조세희의『난장이가 쏘아올린 작은 공』이란 소설을 베껴 쓰는『외딴 방』의 한 대목과 그의 인터뷰 내용을 옮겨 게시했다.

도서부 학생들은 작년과 도서실 분위기가 바뀌어서 뭐가 좋은지 모르겠다고 말한다. 도서실이 뭔가 따뜻해진 것 같기는 한데 좀 소란스러워진 것 같다고 한다. 대출반납 공간인 서가와는 유리벽과 출입문을 두어 분리되어 있으니 도서실 안쪽으로 와서 대화를 하거나 토론을 하거나 스터디를 해도 좋지 않겠냐고 설득했다.

사서 선생님이 계시면 더 좋겠다. 지난번 학교에서 같이 근무한 국어선생님이 곧 결혼을 한다는 소식을 전해주었는데, 4년 동안 시골 고등학교에서 20대를 다 보내는가 싶더니 광양으로 옮긴 새 학교에서 남자친구를 만들어 곧 결혼한다고 한다. 신랑 될 사람은 그 학교의 사서 선생님이다.

어느 날, 도서실 나의 책상 위로 포스트잇이 붙여져 있었다.

'잘 쉬고 많이 느끼고 갑니다. 공간에 공간을 꾸민 분께 감사.'

'도서실, 샘이 계셔서 참 따뜻한 곳이 됐습니다'.

누가 왔다 간 것일까.

2. 저 찬란한 꽃들에게 들으라

저 찬란한 꽃들에게 들으라

내 이야기는 이쯤에서 끝내니 나머지는 저 찬란한 꽃들에게
들으라.

법정 스님이 입적하였다. 스님은 이승에서의 삶을 끝냈지만, 산과
들의 매화는 올해도 어김없이 찬란하게 피고 있다. 일주일이 넘게 봄
비가 내렸고, 그 끝에 핀 꽃들을 바라보고 향기 맡는 일이 즐겁다. 그
러니 이제 저 찬란한 꽃들에게 물어야겠다.

서른두 명의 아이들을 만나 담임이 되었다. 교실 문을 처음으로 열
기 전에 생각한다. 어떤 표정을 지을까. 정색을 하며 카리스마를 보
여줄까 하다가, 얼마 못 가서 내 성격이 들통 날 게 뻔하니, 솔직하게
다가가기로 했다. 원래 타고난 성격이 있어 카리스마를 가지고, 너

희들을 엄격하게 제압하며, 한 손 안에 두고 지도할 수는 없어도 진심을 다해 만나겠다고 약속했다. 그렇게 몇 가지 이야기를 나누자 금세 교실 안에 꽃눈이 터진다.

담임교사로서 첫 편지도 만들어 나누어주었다. 자기소개서 양식도 나누어주고, 자리배치 프로그램을 이용해 자리도 정해주었다. 학부모님께 드릴 명함도 나누어주었다. 그런 뒤에 사물함 뒤와 위의 찌든 때를 지우고, 교실 곳곳을 쓸고 닦으며 대청소를 했다. 그리고 나서 학급 선거를 하고, 학급 규칙을 정하는 데 한 주를 보냈다. 담임이 되니 이것저것 내라는 업무가 파도처럼 밀려든다.

무한경쟁보다는 함께 배우는 즐거움을 누릴 수 있는 학급이 되면 좋겠다. 아침 8시부터 밤 10시까지. 무려 9시간을 한 교실에서 보낸다. 그래서, 따뜻하고 즐거운 학급이 되었으면 한다.

토요일에는 학급 단합대회를 했다. 체육관에 모여 꼬리잡기, 여왕피구, 축구 등을 했다. 그리고 근처 뷔페에 가서 엄청난 흡입을 했다. 생일인 아이들 생일 파티도 하고, 사진도 많이 찍었다.

학기 초, 엄격하게 규율을 정하고, 다스려야 일 년이 편하다고 하는데, 나는 또 그렇게 시작하지 못하고 있다. 아이들은 우리들이 잡아야 할 대상이 아니니까. 헐렁한 내 손에는 잡히지도 않는다. 아이들은 열심히 성장을 하고 있다. 가만히 지켜보며 돕고 싶다.

아이들 웃는 모습이 매화보다 예쁘다. 이제 나는 저 찬란한 꽃들에게 물으며 한 해를 시작하려고 한다. 그러나 담임을 시작하는 개학

날의 마음처럼, 일 년이 그렇게 마음먹은 대로 유지되는 일은 한 번도 없다. 올해는 아이들과 싸우지 말고, 일 년을 평화롭게 보내야지 하는 생각을 해본다.

달력이 3월 초로 맞추어지니 다시 또 설레는 마음으로 일 년을 시작한다. 아이들의 성장과 변화는 워낙 더디고 작아서 눈에 잘 안 보이리라. 그러니 서두르지 말아야 한다. 온갖 짜증과 불만으로 투덜거려도 그때가 얼마나 예쁠 때인지, 얼마나 더 찬란하게 필 날을 기다리고 있는지 가만히 바라봐줄 줄 알아야겠다.

그 예쁘고 발랄함 속에서 함께 일 년을 시작할 수 있으니 참 좋은 날이다.

서울 여자, 시골 선생님 되다

잊지 못할 수학여행

　수학여행에 대한 사람들의 기억은 어떤 것일까. 어두운 기억을 가진 사람도 많을 것이다. 우선 고등학교 진학을 하지 못한 사람이 있을 것이다. 형편이 어려워 여행비를 못 내고 수학여행을 포기한 사람, 멀미가 심하거나 몸이 아프거나 불편해서 따라나서지 못한 사람, 그리고 친구들 관계가 좋지 못하거나 따돌림을 당해 단체 활동을 포기한 사람, 제주도나 경주로 갔는데 단체로 줄을 서서 기다리던 지루한 시간이 더 생각나는 사람. 돈에 비해 맛이 없던 단체 식당의 음식들도 생각날 것이다.

　학생들은 한라산이나 지리산을 등산하거나 지나치게 빡빡하게 박물관이나 기념관을 관람하는 일을 좋아하지 않는 편이다. 선생님들이 좋아하는 코스를 넣었다고 투덜대곤 한다.

모둠별로 계획한 대로 서울시내를 돌아다니며 문화체험을 하도록 한 수학여행이 인상적으로 남는다.

이번 수학여행의 테마는 서울체험 활동인데, 업체에 위탁하지 않고, 두 학년의 담임선생님들이 직접 준비를 했다. 업체에 맡기거나 단체 관람 위주로 수학여행을 기획하면 형식적인 체험활동이 되기 쉽기 때문이라는 경험 때문이다. 단체로 줄을 서서 획일적으로 관람하는 방식은 너무 수동적이고 지루한 활동이 되어왔다.

우선 서울을 18개가량의 테마로 나누었다. 정치, 역사, 문화, 문

서울 여자, 시골 선생님 되다

학, 미술, 시장 쇼핑, 서울겉핥기, 세계, 자연 등. 아이들은 학급을 구분하지 않고, 원하는 테마를 선택해 5~10명씩 한 모둠을 만들었다. 모둠장을 정하고, 체험활동 계획서를 짜도록 했다. 담임과 부담임 선생님들은 각자 테마를 선택해 아이들에게 코스를 제안하고, 그들이 준비한 계획서를 검토해주었다. 들어가는 비용과 동선까지도 꼼꼼하게 짜보도록 했다. 학생들은 주로 인터넷 검색을 통해 계획서를 짰는데 나는 『서울 여행사전』과 『서울, 문학의 도시를 걷다』 등과 같은 책이 더 도움이 되었고, 시간도 아낄 수 있었다. 그중에 '문학, 문화' 테마를 선택한 아이들은 연세대에 가서 '윤동주 기념관 가기, 인사동 체험과 천상병 시인의 사모님이 운영하는 귀천 카페에 가서 인터뷰하고 차 마시기, 대학로 가서 연극 관람하기' 등을 계획했다.

출발하는 날 아침. 아이들은 한껏 멋을 내고 모였다. 우선 담양 죽녹원의 대나무숲을 걸었다. 그리고 전주 한옥마을을 체험했다. 미리 예약한 대로 그곳의 여러 문화해설사로부터 안내를 받을 수 있었다. 숙소를 몽촌토성이 있는 서울올림픽공원 근처로 정하고, 계획한 대로 서울체험을 했다. 서울의 지하에 마구 엉켜 있는 지하철을 타고, 선택한 장소에 가서 체험과 견학을 했다. 점심과 저녁도 스스로 사먹고 숙소로 돌아오도록 했다. 숙소로 돌아와서는 그날 하루 체험한 것을 담은 사진과 동영상을 활용해 발표를 하게 했다.
나는 우리 반 남자아이들 몇 명의 모둠을 따라 인사동에 갔고 함께 귀천 카페, 쌈지길, 인사동 아트센터 등을 돌아다녔다. 아이들은 그림 앞에서 대상과 똑같은 포즈를 취하는 등 나름대로 즐거운 시간을 보냈다.

점심시간을 이용해 인사동에서 떡을 사서 혼자 홍대 앞으로 갔다. 홍익대 근처에도 체험활동을 하는 우리 아이들이 있었다. 홍익대 캠퍼스 안에 있는 홍익여고는 내가 졸업한 학교이다. 어느새 고등학교를 졸업한 지 20년이 되었고, 20년 만에 좋아했던 선생님을 만났다.

고등학생인 아이들 앞에서 국어수업을 하는 나는 종종 고등학교 때의 내 모습이 떠오르는데 몇 번씩 이분이 생각나곤 했다. 그때 대개의 교과 수업은 선생님들께서 칠판에 하얀 분필로 판서를 하며 설명을 하시면 우리는 공책에 따라 적는 풍경이 전부였다. 선생님들의 침과 분필가루가 떠오르는 수업이었다. 음악시간에 가야금을 배우고, 교련시간에 붕대말기 실습을 하고, 미술시간에 정물화를 그리고, 체육시간에 체력장 연습을 하는 것을 제외하면 말이다.

다만 문학시간에는 '어린왕자'라는 별명을 가진 그분이 교실에 들어오셔서 우리들에게 문학과 철학에 대해 상상할 수 있는 이야기를 많이 들려주셔서 좋아했던 기억이 난다. 얼마나 그분을 좋아했는지, 문학 과목 만점을 받아야만 육백 명이 넘는 또래 학년 아이들 속에서 겨우 나의 존재감을 드러낼 수 있었다. 그래서 문학시험 만점 맞기와 백일장 자진해서 참가하기, 문학시간에만 맨 앞자리에서 수업 듣기, 탁자 위에 음료수와 꽃 올려두기와 같은 표현을 적극적으로 하기도 했다. 무엇보다 졸업식 날 고등학교 3년 동안 선생님을 생각하며

서울 여자, 시골 선생님 되다

쓴 시를 모아 개인 시집이라고 묶어서 선물로 드린 일은 지금 생각해도 손발이 오글거린다.

20년이라는 그 엄청난 시간을 흘려보내고 나서 고등학교 시절 좋아했던 국어선생님과 홍대 앞에서 점심을 함께 먹고 커피를 마셨다. 선생님도 나도 중년이 되었다니. 그동안 선생님도 열심히 살아왔다고 말씀해주셨다. 이제는 같이 국어교사로 나이 먹는다는 것이 새삼스럽게 느껴진다. 좀 더 용기를 내고 시간을 내서 선생님을 찾아뵐 걸 하는 아쉬움이 생겼다. 그때 선생님들은 여자고등학교 제자들은 졸업하면 끝이라는 말씀을 하시곤 했다. 우리들 대부분은 그분들을 보며 두근거리며 수업을 받곤 했었는데도 말이다.

선생님과 점심을 먹고 대학로에 가서 '라이어'라는 연극을 관람했다. 동성애를 희화화한 점이 불편했지만 스토리가 탄탄했고, 배우들의 연기가 출중했다. 대학로에서 처음 연극을 본다는 우리 아이들은 웃음과 박수를 아끼지 않고, 연극에 몰입했다.

여의도는 아직 추워서 벚꽃 봉오리가 피지 않았다. 고흥으로 돌아오는 길에 벚꽃이 찬란하게 피어 있을 뿐이었다. 농촌의 아이들은 서울이라는 도시로 가서 행복한 삶을 살고 싶어 한다. 그러나 그곳은 오히려 경쟁에서 낙오되면 절망이 가득한 소비적인 곳이다. 다시 고흥으로 돌아오는 길에 편안함이 느껴졌다.

3박 4일 수학여행. 담임선생님들과 제법 꼼꼼하게 계획을 짜고, 사전 답사를 가고, 당일 진행을 하고, 아이들과 새로운 문화를 체험

하면서 만났던 공간과 시간들이 정말 즐거웠다. 몸은 피곤하지만 마음만은 풍성해졌다.

우왕좌왕 봄방학 풍경

　방학이 되어도 아이들은 학교에 나와 보충수업을 하고, 학교 급식을 먹고, 늦게까지 남아 공부를 한다. 교실마다 뜨듯한 히터가 돌아가고, 네모나고 작은 의자에 얌전하게들 앉아 있다. 담임교사가 그렇게 방학을 압수한 후에 아이들을 꽉 잡고 있어서 학급 전체가 지각도 안 하고, 땡땡이나 결석도 없어야 '괜찮은 담임'으로 평가받는다. 방학이라도 학교에 나오지 않거나 지각이라도 하면 손바닥을 맞기도 한다.

　그동안 아이들의 학교생활은 어떠했는가. 하루 종일 영어 수학 문제집을 붙들고 씨름을 하다가 엎드려 자면서 무력감에 빠지곤 한다. 우물 안 학교 안에서는 좀처럼 등수를 올릴 수 없는데도 과목별 등수와 등급이 교사와 친구들 앞에서 공개되고 다음에 누구는 누구를 이겨야 한다는 채찍 속에서 얼마나 상처를 받는지는 모른다. 학생들에

2. 저 찬란한 꽃들에게 들으라

게 성적을 확인시키고 서명을 받아야 한다는 평가계의 요구에 따라 자기 이름 옆에 점수가 찍힌 결과가 학급을 한 바퀴 돌아 교과담당 선생님에게 전해진다.

웬만한 질병과 스트레스나 부상쯤은 꾹 참을 줄 아는 인내력과 체력, 장시간 작은 의자에 앉아 있을 수 있는 허리와 엉덩이의 힘, 학력 차별은 공부를 못하기 때문에 당연히 감수해야 한다는 뼛속 깊은 체념, 교사의 지시에 고개를 잘 끄덕거리며 눈을 공손하게 내리깔 줄 아는 싹싹한 성격, 빠른 시간 안에 수학과 영어 문제를 풀 줄 아는 능력을 학생들에게 요구하는 학교.

내신 등급이 높아야 하고, 봉사활동도 총 60시간 이상은 넘어야 한다. 이왕이면 봉사 동아리 회원으로 꾸준히 봉사활동을 하는 것이 낫다. 소록도 병원처럼 인지도가 높은 곳에서 봉사활동을 하면 더욱 좋다. 사범대를 가고 싶으면 아동 학습지도 같은 봉사활동을 해야 한다. 진로와 연관된 동아리 활동도 하고 다양한 체험활동도 하면서 자신의 스펙도 쌓아둘 줄 알아야 한다. 리더십과 책임감이 높은 학생이라는 것을 입증하기 위해 학급 실장이나 학생회 임원에 출마해 당선되어야 한다. 1~2학년 때 이 모든 활동을 해두는 것이 좋지만 급하면 고3이 되어서도 동아리를 이름만이라도 그럴싸하게 만들어놓는 것이 낫다. 실제로 학급 실장 활동 경력이 필요한 '공부 잘하는 학생'에게 투표로 당선된 학생이 그 자리를 양보했던 일도 있었다.

지난주 종업식을 하고, 우리 반은 학급문집을 나눠 보며 화기애애

하게 정리했다. 롤링페이퍼도 돌리고 기념 촬영도 하고, 마지막 인사말도 돌아가면서 하며 아쉬움을 달랬다. 하지만 바로 이튿날, 다시 이런저런 이유를 들며 자습에 빠지는 아이들을 찾고 혼내는 일로 하루를 허비했다.

축구부 동아리에 속한 남자아이는 축구를 하다가 발목 부상을 입어 병원에 간다고 했고, 또 한 명은 다친 아이를 부축하며 같이 병원에 간다고 했고, 또 다른 아이는 평소처럼 과외에 간다면서 나갔다. 그러나 전교 축구부 동아리 남자아이들 모두는 삼삼오오 학교 밖 공설운동장에 모여 축구를 하고 있었다. 결국 학년부장 선생님에게 잡혀 거국적으로 혼이 났지만, 알고 보면 아이들의 항변 그대로 지금은 방학 중이다.

우리 반 여학생들은 봉사활동을 하러 나간다고 해서 보내줬는데, 친구 집에 가서 밥을 해 먹으며 놀고 왔다. 빨리 학교에 오지 않으면 크게 벌 줄 것이라고 경고 문자를 보냈지만, 알고 보면 지금은 방학 중이다.

방학 중 보충수업이 필요한 아이는 극소수에 해당한다. 대부분의 학생들은 도움이 안 된다는 이유로 바로 첫날부터 빠질 궁리에 돌입한다. 그중에는 학교보다 더 공부가 잘되는 학습 공간을 찾아 들어가기도 한다. 평소에는 50분 수업인데, 방학에는 45분 수업으로 돌려놓고, 이른 아침 1교시도 문제 풀이, 2교시도 문제 풀이, 5교시까지 줄곧 문제 풀이 수업이다. 차라리 EBS 강의를 보고 문제를 다 풀었는지 방학 과제로 내주는 것이 더 낫겠다. EBS 강사는 눈앞에 아이들이 없으니 멍 때리거나 조는 아이들을 깨울 필요가 없고 더 낫겠다.

'자율'이라는 이름이 민망하다. '강제'라고 하면 거부감이 있으니 '선택'이라는 글자만이라도 앞에 붙였으면 한다. 부모의 동의를 받은 희망자들이 스스로 공부할 수 있도록 환경만 만들어주었으면 좋겠다.

인문계 고등학교 담임교사로 첫 일 년을 살았다. 아침 8시부터 저녁 10시까지 아이들을 통제해야 하는 임무와 국어교사로서 아이들의 성장과 학업을 도와주는 역할 속에서 어정쩡했다. 저마다의 성향과 삶의 속도에 따라 편안하고 즐겁게 지낼 수 있도록 환경을 만들어주고, 자율성과 책임감을 심어주고 싶은 또 다른 계획 속에서 우왕좌왕 보냈다.

머릿속에는 '과연 어떻게 하는 것이 교육적일까'라는 생각이 떠나지 않는다. 인문계 담임을 할 때는 자신의 생각은 버리는 것이 편하다고 선배 선생님은 씁쓸하게도 조언해준다. 내가 스스로 선택한 인문계 고등학교 담임의 역할이 답답하게 느껴진다.

올해의 업무 분장 희망원을 받아 들고, 담임 희망 여부 칸에 동그라미를 할지 말지 오후 내내 망설이고 있다.

서울 여자, 시골 선생님 되다

글을 쓰는 여자들

2005년 교사가 되고부터 내가 사는 지역에서 여성독서동아리를 만들어 독서토론을 해왔다. 이번 달 책으로 김선주 논설위원의 『이별에도 예의가 있다』라는 책을 골랐다. '제목도 참~'이라고 생각했는데, 제목과는 달리 한겨레신문에 연재했던 시사 칼럼을 엮은 책이다.

이 책을 내고 나서, 글쓴이 김선주를 참을 수 없도록 열 받게 했던 것은 다름 아닌 '할매, 할마씨, 할망구'라는 호칭이었다고 한다. '60대 중반에 이르렀다고 나이를 밝힌 글이 책 속에 있어서인지 할마씨가 제법 감각이 젊다는 둥, 세상 보는 눈이 할매로선 그럴싸하다는 둥'의 댓글이 가장 많았다는 것이다. 나도 이 책을 읽으면서 그녀의 나이를 떠올리며 감탄했던 것이 내심 찔렸다. 그 나이 대의 남자가 글을 쓰고 사회적 활동을 하는 것에 대해서는 '할배, 할아범'이라는 표

2. 저 찬란한 꽃들에게 들으라

현을 쓰지는 않는다는 지적 그대로다. 이번에 진보신당 대표가 된 홍세화 선생님은 47년생으로 동갑인데 사람들이 그를 할아버지라고 생각하지는 않는다고 말한다.

생각해본다. 60대 중반에 나는 어떤 모습으로, 어떤 이야기를 하고, 어떤 글을 쓰고, 어떻게 살고 있을까. 주변의 3~40대 여자들은 현재 자식들의 삶이 자기 삶의 대부분을 차지한다고 말하곤 한다. 지금은 자식을 위해서, 자식들이 대학 가고 결혼해서 떠나면 그때 가서 자신의 삶을 살겠다고 말이다.

네 명의 자식을 위해 평생 전업주부로 살았던 나의 어머니는 자식을 모두 출가시킨 후에 우울증을 앓았다. 지금도 그 어둡고 쓸쓸한 병을 힘겹게 극복하고 있고, 올 봄부터는 공부를 하기 시작했다. 세상에서 가장 불행하게 산 여자라고 생각하며 공부를 하지 못한 깊은 한을 품고 있었던 어머니는 주부학교에서 또래의 여성 혹은 훨씬 나이 많은 여성들을 만나고 계신다. 다행인 것은 학교에서 만난 다른 사람들의 삶을 보고 들으면서 어머니처럼 한스러운 인생을 겪은 사람이 많다는 것을 알게 되신 것 같다.

60대 중반의 어머니. 자식을 위해 희생한 그 세월을 돌려드리고 싶다. 어머니는 오늘 상기된 목소리로 전화를 하셨다. 학교 대표로 뽑혀 대외 백일장대회에 다녀오는 길이라고. 한강이 내려다보이는 합정동 절두산 성지에 가서 글을 쓰고 오셨단다. 백일장 제목은 '나의 마을'이었다고 한다.

60대 중반이 되어 생애 처음으로 서툰 글을 쓰기 시작하셨지만 어

머니가 쓴 일기와 시와 수필을 읽어보니 대상에 대한 남다른 감수성
과 관찰력, 그리고 정감이 느껴진다. 어느 날은 글 쓴 것을 교실에서
발표했더니 모든 이들이 눈물을 흘렸다고 한다. 그래서 삶이 곧 글이
라고 했던가. 개인을 발견하는 힘이 글을 쓰는 과정 속에 강인하게
세워질 수 있는 것이다.

문학을 하고자 하는 사람이 자기를 오롯이 보여줄 수 있는 언어를
만들어내지 못하는 날은 얼마나 또 빈약한가. 삶에서 가장 미련이 큰
글쓰기를 1순위로 올려놓지 못하고 몇 년을 또 바쁘게 일만 하는 나
의 삶은 얼마나 또 아쉬운가.

어머니의 그 감수성을 물려받은 나도 그동안 써온 시를 시집 한 권
분량으로 묶어서 내려고 준비 중에 있다. 70편 정도 되는 시를 묶으
려고 보니 마흔이 다 되어간다. 대여섯 군데의 출판사로 시를 보냈는
데 모두 퇴짜를 맞았다. 그중 '애지 시선'의 함순례 시인과 '삶이 보
이는 창'의 문동만 시인, 그리고 '문학들'과 가까운 광주의 고영서 시
인은 직접 전화를 걸어 좀 더 작품을 형상화하고 새롭고 깊은 시선으
로 다듬으며 더 열심히 쓰라고 위로해주었다.

학교에는 또 어렵고 외로운 환경에서 글쓰기를 통해 자신의 상처
와 존재를 만나 성장하는 아이들이 얼마나 많은가. 지금 이 순간에도
시나 소설, 교육산문집을 써서 책으로 내고 싶어 하는 국어교사는 또
얼마나 많은지 알고 있다.

자신의 이름을 내걸고 글을 쓰며 나이 들어가는 세상의 모든 여성

2. 저 찬란한 꽃들에게 들으라

들이 남달라 보인다. 김선주 논설위원도 나의 어머니도. 그녀들이 전
하는 저녁 편지가 마음을 적신다. 그러니 나도 지금 포기하기에는 좀
아깝다는 생각이 든다.

서울 여자, 시골 선생님 되다

근사한 도서관이 눈에 어른거린다

　도로 공사가 나날이 잘되어 읍내에서 광주까지 한 시간 반이면 가게 되어 광주로 출퇴근하는 교사가 늘었다. 고흥에서는 주로 가까운 순천지역에 살면서 출퇴근하는 교사가 가장 많다. 관사를 늘려도 평일에만 상주하는 것이지 삶의 터전은 주로 도시에 자리 잡고 사는 경우가 대부분이다.

　종종 학부모들이 말하기를, 교사들이 우리 지역에 살았으면 좋겠다고 한다. 교사 각자의 상황과 우리 지역의 여건이 있는데 그렇게 요구할 수는 없다고 말해준다. 정규 근무시간에 열심히 교육활동을 하면 되는 것이다. 그러나 우리 지역에 살면서 교육활동을 하는 교사가 많지 않다 보니 교육 문화적 분위기가 침체되는 분위기가 있다. 아무래도 그런 인력들이 함께 모여 살다 보면 좀 더 의미 있고도 즐거운

2. 저 찬란한 꽃들에게 들으라

일을 만들어낼 수 있지 않을까 하는 기대는 있다.

　농촌지역에 남아서 아이를 키우고, 교육활동을 하는 것은 전적으로 개인의 선택이지만 지방자치단체나 지역교육청에서 좀 더 노력을 해줬으면 한다. 교사, 젊은 사람들, 아이들이 우리 지역에서 함께 살 수 있도록 여건을 개선하지 않으면 안 된다. 혼자 살 관사를 더 짓는 것으로 문제를 다 해결할 수는 없다. 무엇보다 가장 큰 문제는 교육 문화 시설의 부족이다.

　주말에는 우리 지역의 군립 도서관이 있는 녹동으로 우리 집 아이들을 데리고 갔다. 두 아이들은 어린이 서가에서 책을 읽고, 나는 나대로 일반실에서 책을 읽고, 글을 쓰면서 주말을 보내고 싶었다. 그러나 단 30분도 앉아 있을 수가 없었다. 한두 대의 선풍기는 푹푹 찌는 공간을 식혀주지 못해 덥고 답답해 졸음만 오고, 어서 빨리 벗어나고 싶었다. 책 정리도 어수선하고, 시설 면에서 크게 부족함을 느꼈다. 책을 골라서 읽을 공간은 없었고, 따로 설치된 열람실 큰 책상 위에는 문제집을 펴고 시험공부하는 사람들만 몇 명 있을 뿐이었다. 도서관 내에는 봉사활동을 하는 인근의 고등학생들이 몇 명 있었고, 사서도 아닌 직원 한 분이 자료실에서 혼자 책 정리를 하고 있었다. 그 역시 한 대의 선풍기에 의존하면서 밀폐된 공간에서 고생하고 있었다. 그냥 나갈까 하다가 답답한 마음을 털어놓았고, 그는 예산이 적고, 인력이 부족하기 때문이라며 담당자로서 죄송할 뿐이라고 했다.

　농촌지역의 공공 도서관이 이와 같으니 어떻게 교육에 종사하는 사람들이나 아이들이 이곳에서 살아갈 수 있겠는가. 귀농 오고자 하

서울 여자, 시골 선생님 되다

는 선배도 대학이 없는 것보다 도서관 시설이 열악한 것이 가장 망설여지는 것 중에 하나라고 했다. 그러면서 필요한 자료를 어디에서 찾느냐고 걱정하듯 물어보았다.

내친 김에 아이들을 차에 태우고 한 시간이나 운전을 해서 인근 도시인 순천으로 갔다. 그 도시에서 가장 부러운 것은 도서관이다. 공공시립도서관, 작은 도서관들이 활성화되어 있다. 기적의 도서관은 갈 때마다 쾌적해지고 어린이와 청소년 책들이 꽉 차 있다. 호수를 끼고 있는 시립도서관은 밤늦게까지 일반실을 개방해놓고 운영하고 있다. 광주에서는 국립대학 도서관을 지역민에게 개방하고 있다고 한다. 나는 그 소도시의 도서관에서 아이들과 하루를 보내는 것을 좋아하지만 책을 대출할 수도 없고 독서 프로그램에도 참여할 수 없어 어쩐지 시골에서 건너간 이방인처럼 느껴진다.

새로 건립되고 있는 읍내의 도서관은 어떤 모습일까. 들은 바가 없어 아쉽다. 도서관 운영위원회로 위촉되었으나 사전에 건의할 수 있는 회의를 해본 적이 없다. 도서관이 다 만들어지기 전에 설계 구상에 대해 공개하고 여러 조언들을 수렴하면 얼마나 좋았을까. 좀 더 여력을 가지고 건의하지 못한 것에 대해 아쉬움을 느낄 뿐이다. 농촌에 아이들이 없어서 공공 도서관을 짓고 가꾸어가는 일을 포기할 것이 아니라 아이들과 젊은 사람들이 떠나지 않고 돌아올 수 있도록 내실 있는 공공 도서관을 만들고 꾸려가야 할 것이다.

갈 곳이 없다. 지역의 여성들과 함께하는 독서토론 모임 장소가 없어서 직장에 다니는 언니의 작은 사무실에 앉아서 하고 있다. 주말이 되면 도서관과 극장, 콘서트장과 미술관을 찾아 한 시간 넘게 운전을 해서 인근 도시로 나가야 하는 문화적 불편함 때문에 나는 종종 시골에 사는 것이 답답하다.

우동과 도시락을 먹으며 공부하던 영등포도서관, 소풍가는 길처럼 소박하게 난 길을 올라가서 커피를 마시며 책을 읽었던 남산도서관과 세검정의 대학 도서관이 떠오를 때면 더욱 그러하다. 도서관뿐이랴. 신촌의 '오늘의 책'과 '알서림'과 신림동의 '그날이 오면' 같은 서점은 또 얼마나 인문학적 지식과 불온한 상상력을 제공해주었던가.

주변에 가방을 싸는 사람들이 부쩍 늘고 있다. 군립도서관이 세워졌지만, 청소년 문화의 집과 드림센터 등과 좁은 공간에서 복작거리고 있다. 보건지소가 사라진 곳에 작은 도서관을 짓자고 건의해 세워졌지만, 그곳을 운영할 인력이 부족하고, 책이 더 느는 것 같아 보이지 않는다. 농촌이 급속도로 다문화 사회로 가는 만큼 그들의 문화를 공감하고 그들이 필요한 정보를 얻을 수 있는 도서 확충도 더욱 필요할 것이다. 지역의 작가를 발굴하여 문학 공간을 만들고, 그곳을 책 읽고 토론하는 공간으로 만들어도 좋겠다.

몸이 두 개라면 그때 지역독서동아리 여성 회원들이 건의해서 세워진 작은 도서관 관장이 되고 싶다. 천천히 책을 모으고, 분류하고, 책을 통해 사람들을 만나는 재미있는 일을 해보고 싶다. 독서토론도 하고, 북 콘서트도 하고, 인문학 책 읽기 모임도 하고, 독서 캠프도 하면서 말이다.

서울 여자, 시골 선생님 되다

남들이 쉽게 말하는 '공기가 좋은' 이곳에서 어떻게 행복하게 살아갈 수 있을지 흔들리고 흔들리며 또 고민한다. 나를 흔드는 바람이 또 어디에서 이렇게 불어오고 있는지.

일제고사 보는 날의 하루

진보교육감이 당선된 서울에서 중학교 교사를 하는 후배의 이야기를 들었다. 일제고사를 보지 않겠다는 학생에게는 대체 교육 프로그램을 허용하고, 기타 결석으로 처리하라는 공문이 내려왔다고 한다. 그래서 후배 교사는 공문대로 혹시라도 시험을 거부하는 학생이 있으면 대체학습을 하게 해달라고 회의 때 발언했다가 "시끄럽다. 혼란스럽게 하지 말자"라며 묵살당했다고 한다. 후배는 진보적인 교육감이 수장이 되어도 현장 학교에 만연한 안일주의에 서글픔을 느꼈다고 전했다.

그래도 서울시교육감은 취임 준비위원장으로 박재동 화백을 선임했고, 전국국어교사모임에서 이름난 이형빈 국어선생님을 정책 비서로 함께 일하도록 한 인적 쇄신이 눈에 띤다. 그 선생님은 이화여고가 자율형 사립고로 전환하면서 귀족학교로 바뀔 것을 예감하며 사

서울 여자, 시골 선생님 되다

직서를 냈던 분이다. 서울교육청은 참신하고 개혁적인 첫 단추를 채우기 시작한 것 같다.

전남교육감은 별도의 언급 없이 교과부의 방침대로 진행한다고 했다. 순천의 전교조 선생님들은 도교육청 앞에서 1인 시위를 했다. 다음과 같은 문구를 적은 피켓을 들었다고 한다.

"진보교육감님! 한 줄 세우기 무한경쟁 일제고사는 이명박 교육정책입니다!"
"진보교육감 시대에도 한 줄 세우기 무한경쟁 일제고사는 필요해?"

교장선생님은 학생들에게 열심히 시험을 보라고 특별히 안내 방송을 하시고, 담당 선생님들은 이 시험을 위한 과중한 업무로 갈등을 빚기도 했다. 기말고사를 끝낸 지 얼마 안 된 아이들은 긴장 속에서 시험을 치러야 했다. 한 줄 세우기 시험을 위한 계획, 운영, 평가, 공개까지의 일련의 과정 속에 얼마나 많은 인적, 물적 자원이 낭비되는지 모르겠다. 이 평가를 위해 드는 전체 비용이 160억 원이라는 기사가 났다.

정부는 일제고사를 실시하는 이유에 대해 학교별로 학습 부진아를 정확히 파악하여 그 처방을 내리기 위함이라고 밝혔다. 그러나 정부의 말과 행동은 일치하지 않았다. 학습 부진의 현황과 지원이 비례하지 않고, 오히려 감소했다고 한다. 이 시험을 본 이후 학급마다 교과마다 학습 부진 학생을 지도하기 위한 묘안과 좋은 프로그램이 있다는 것을 들어본 적이 없다.

고등학교에서는 일제고사에 대한 별다른 논쟁도, 문제 제기도 없이 착착 잘 진행됐다. 시험이 끝나자 남은 시험지와 답안지 인쇄물은 차고 넘쳐 교실 안이 종이 쓰레기장이 되었다. 담당 선생님은 일일이 시험지와 답안지를 교육청까지 가서 가져오고 가져다주는 수고를 해야 했다.

전국적으로 진보적인 교육감들이 여러 곳에서 당선돼 활동을 시작했다. 시민들의 열망과 합의로 당선된 진보교육감들은 개인의 능력과 명망으로 그 자리에 올라간 것이 아니라는 사실을 기억해주길 바란다. 교사, 학생, 학부모 모두의 숨통을 조르는 경쟁 위주의 교육을 전면 조정하고, 진보적이고 교육적인 정책을 좀 더 과감하게 펼쳐나갔으면 한다.

높은 자리에만 올라가면 우리를 의아하게 만들었던 많은 사람들 때문에 생긴 우려일 수도 있다. 나에게 "아이들에게 무엇을 가르칠 것인가. 이 세상 속에서 아이들의 삶을 위해 어떻게 살아야 하나"라는 물음과 준비는 진보교육감의 당선에도 불구하고, 계속되어야 할 고민임에는 틀림없어 보인다.

숨죽인 교실

오늘은 전국학력평가를 보는 날이다. 낮은 등급이 나오는 학생들에게는 벌을 줘야 한다는 선생님들의 의견이 있었다. 어제부터 열이 나서 학교에 오지 못한 학생이 생기고, 또 한 아이는 너무 답답하다며 심한 두통과 복통으로 보건실에서 쉬고 있다. 1교시 언어영역 시간에는 시험 도중 겨우 몇 명이 조는가 싶더니, 2교시 수리영역 시간에는 그 몇 배가 되는 아이들이 졸음에 겨워 하나둘 쓰러져 엎드려 자고 있다. 문과인 우리 반뿐 아니라 이과인 옆 반도 마찬가지다. 우리학교 대부분의 학생들은 영어와 수학 공부에 거의 대부분의 시간을 바치는데, 그만큼 포기자도 많다.

누구나 많은 시험을 치르고, 그 진흙 밭을 넘어서 어른이 된다. 나도 숱한 시험의 험난한 고개를 넘어왔지만, 어른이 된 지금도 꿈속에

서울 여자, 시골 선생님 되다

서 시험의 악몽을 헤맨다. 더군다나 요즘처럼 등수와 등급이 적나라하게 나온 성적표를 보는 일이나 여럿에게 곧바로 공개되는 일은 아이들에게 절망감을 내면화시키고 있다.

언어영역의 점수를 올려줘야 하는 막중한 임무가 내게 있다는 것도 알고 있다. 빠른 시간 안에 지문을 읽고 다섯 개의 답지 가운데 정확하게 정답을 골라낼 줄 아는 바로 그 실력을 키워줘야 하는 것이다. 그런데, 나는 하고 싶은 문학수업과 모의고사와 수능 점수 올려주기 위한 문제 풀이 수업 사이에서 늘 갈등하고 있다. 비정상적인 입시교육 때문에 아이들이 청소년기에 필요한 감성과 지성을 모두 잃고 살까 봐 전전긍긍한다. 상상력과 창의성, 감수성, 비판적 사고 의식 등을 쌓지 못하고 문제집과 참고서 속에 갇혀 사는 대다수 아이들이 참으로 안타깝기 때문이다.

얼마 전『나는 빠리의 택시 운전사』를 쓴 홍세화 선생님을 학교로 초대해 강연을 들었다. 고흥 버스터미널에서 내려 걸어오다가 잠시 그늘을 찾아 초등학교 운동장 나무 그늘에서 쉬고 계신 그분을 우리 학교로 모셔 왔다. 아이들은 몇 달 전부터『생각의 좌표』라는 책을 읽고 독서토론을 했고, 그분이 쓴 다른 책을 사서 읽기도 했다. 그렇게 강연을 신청한 60여 명의 학생들이 도서실에 모여 정말 진지하고 흥미롭게 강연을 듣고 대화를 나누었다. 일방적으로 설명만 하며 가르치는 강연이 아니라 학생들 스스로 생각하게끔 하는 내용이 이어졌다. 질문 대답 시간도 강연 시간 이상으로 계속되었다.

우리의 공부가 암기와 문제 풀이보다는 독서와 글쓰기로 이루어져야 한다고 하셨다. 자기 삶의 주인이 되기 위해서는 폭넓은 독서, 열린 자세와 토론, 직접 견문과 성찰이 중요하다고 특별히 말씀하셨다. 특히 인문학 과목에 대해 정답을 요구하는 것은 반학문적이라고 하셨다. 그럼에도 불구하고, 학교에서 그렇게 객관식 답을 주로 요구하는 이유는 학생들을 한 줄로 세우기 위한 것이라는 말에 많은 아이들이 고개를 끄덕거렸다. 하지만 외워야 할 게 너무나 많은 우리들의 현실에서 "어쩌라고요?" 하는 솔직한 질문도 이어졌다.

나도 올해 들어 문학시간에 아이들에게 독서와 서평 쓰기와 독서 토론을 많이 시키고 있다. 하지만 다른 반 담임선생님들 중에는 독서를 하지 못하게 하고, 영어와 수학 문제 풀이만이 공부라고 말하는 분들이 여전히 많다.

새처럼 잘 재잘거리는 아이들이 오늘은 모두 숨죽이고 있다. 열심히 문제를 푸는 아이들과 조용히 수면을 취하는 아이들을 모두 합쳐서 겉으로는 그렇게 보인다. 나는 언어영역의 점수가 조금 오르기를 바라는 마음과 진정한 문학 교육을 해보고 싶은 마음을 사이에 두고 또 고민하며, 시험을 보느라 수업이 없는 날, 전국국어교사모임에서 배달된 『함께하는 국어교육』 책자를 뒤적거리고 있다.

서울 여자, 시골 선생님 되다

어떤 교사입니까

조전혁 한나라당 의원이 전교조 소속 교사들의 명단을 자신의 홈페이지에 올렸다가 내렸다. '귀족 노조'에 하루에 삼천만 원이라는 벌금을 줄 수 없어서라고 했지만, 자신이 그렸던 머릿속의 파장에 못 미치는 반응 때문에 한풀 꺾인 게 아닌가 싶다.

"전교조 교사였는지 몰랐어요, 우리 아이 담임선생님을 바꿔주세요."

"어쩐지 그분이 좌편향인 줄은 알았는데, 전교조 교사였다니 끔찍하네요."

뭐, 이런 학부모의 엄청난 항의를 예상했었나 보다. 그리고 그가 쓴 책 제목처럼 '전교조가 없는 세상'이 될 줄 알았나 보다. 그러나 그런 일은 일어나지 않았다.

　개인이 원치 않는 정보가 공개적으로 보수 정당의 홈페이지에 실린다는 것은 정말 불쾌한 일이고, 있어서도 안 되는 일이다. 더군다나 법질서 유지를 늘 강조하는 보수 정당 소속 국회의원인데, 법원의 판결을 무시하고 강행하는 모습이 너무 무지막지해서 비웃음이 다 나왔다.

　개인의 정보가 동의 없이 공개되어 악용되는 일이 있어서는 안 된다. 개인적인 정보를 심각하게 침해하고, 민주주의를 후퇴시키는 일이다. 보수적인 언론들은 전교조 조합원 교사인 것이 그렇게 부끄럽냐며 당당하게 공개하라고 마녀사냥 식으로 공격했다. 학교 현장에서 대부분 모범적이고 창의적인 수업을 만들어나가고 학생들을 인격적으로 대우하며 열정적으로 교육활동을 하는 선생님들은 거의 대부분 전교조 교사이거나 전교조 교사였다.

　중간고사 기간이 끝나고 성적 결과가 나왔다. 아이들의 성적이 과목마다 출력되어 공개된다. 칠판 게시판에 붙고, 점수와 등수와 등급이 불려진다. 좋아하는 남자친구에게도, 좋아하는 선생님에게도 점수는 적나라하게 알려진다. 내신이라는 이름으로, 경쟁이라는 칼날로 아이들의 정보가 아이들의 절망과 부끄러움을 헤아리지 못하고 공개된다. 아무 거리낌도 없이, 아주 편리하게, 아주 익숙하게 말이다.

　그래서 나는 문학 점수만은 그렇게 하지 않겠다고 했다. 주관식 서술형 문제 채점한 것을 일일이 학생들에게 개인적으로 보여주면서 이야기했다. 아이들의 점수를 하나하나 가위로 오려 학생 개인에게 전달하고, 주관식 답안지를 보여주어 이의가 있으면 말해달라고 했다.

다른 아이와 경쟁하려고 하기보다는 지난 두 달 동안 공부한 내용의 부족한 점과 잘한 점을 잘 헤아려보라고, 너희 자신을 바로 보라고 말했다. 그리고 앞으로 문학 공부를 더 잘해보자고 당부했다. 나도 너희들을 파악하는 데 도움이 됐다고 말해주었다.

반면교사(反面敎師), 조전혁 의원의 이번 행태를 보며, 나는 함부로 아이들의 정보를 다루지는 않았는지 되돌아본다. 아이들의 성적을, 아이들의 평가를, 아이들의 신상을 은연중에 다 까발리지는 않았는지 말이다.

타인의 정보와 인권을 침해하는 관행과 제도에 제동을 걸어야 한다. 혼자 힘으로 바꿀 수 없기에 주위의 좋은 선생님들과 함께하고자 한다.

3

좋아해요, 선생님!

우리 지역 시인에 대해 배움

　우리 지역 출신 시인으로 우선 고흥군 두원면에서 태어난 송수권 시인이 있다. 「산문에 기대어」라는 시가 대표작인 그분은 민족적 한과 남도의 서정성을 잘 표현한다는 평가를 받고 있다. 고흥작가회의 네 번째 시집을 출간하는 자리에 그분을 초대해 시낭송 행사를 함께했다. 최근 변치 않는 열정으로 지리산 연작시를 내놓은 선생님은 '현대사의 아픈 상처−지리산과 섬진강'이란 주제로 과거와 현재의 역사적 소통에 대해 강연도 해주었다.

　2009년 봄에는 그분을 우리 학교로 초대해 강연을 들었다. 고향의 후배들이기 때문에 특별한 애정이 느껴진다며 시인으로 걸어온 삶에 대해 이야기해주었다. 경기국어교사모임에서 고흥으로 문학기행을 왔을 때는 순천 자택을 방문해서 대화하는 시간을 갖기도 했다. 『시골길 또는 술통』이라는 제목의 시선집을 선물로 받고 왔다.

　학생들은 그의 대표작인 「산문에 기대어」를 조금 어려워했다. 시인은 시에 대한 이해를 돕기 위한 이야기를 들려주었다. 실제로 그 시 속의 청자인 '누이'는 시인의 아우였고, 그의 비극적 죽음을 추모하는 시라고 한다. 아우의 혼을 불러들여 넋을 위로하고, 대화를 나누는 시라는 것이다. 그래도 학생들은 「내 사랑은」과 같이 사랑을 시작할 때 느끼는 가슴 설렘과 즐거움을 노래한 시를 좋아한다.

저 산마을 산수유꽃도 지라고 해라
저 아래뜸 강마을 매화꽃도 지라고 해라
살구꽃도 복사꽃도 앵두꽃도 지라고 해라
하구 쪽 배밭의 배꽃들도 다 지라고 해라
강물 따라가다 이런 꽃들 만나기로소니
하나도 서러울 리 없는 봄날
정작 이 봄은 뺨 부비고 싶은 것이 따로 있기 때문
저 양지쪽 감나무 밭 감잎 움에 햇살 들치는 것
이 봄에는 정작 믿는 것이 있기 때문
연초록 움들처럼 차오르면서, 햇빛에도 부끄러우면서
지금 내 사랑도 이렇게 가슴 두근거리며 크는 것이 아니랴
감잎 움에 햇살 들치며 숨 가쁘게 숨 가쁘게
그와 같이 뺨 부비는 것, 소곤거리는 것,

─송수권의 시「내 사랑은」

　그리고 박노해 시인이 있다. 고흥군 동강면에서 어린 시절을 보낸 박노해는『노동의 새벽』이라는 시집으로 우리나라 현대 노동문학에 큰 획을 그었다. 그는 지금 고흥에 없지만 그와 같은 사노맹 조직에서 활동했던 동료가 지금 어느 섬마을에서 자연과 더불어 농사를 지으며 살고 있다. 그분을 만나면 박노해가 어떻게 시집을 내고 어떤 활동을 했는지 들을 수 있다. 우리 학교의 국사선생님인 박병섭 선생님은 초등학교 때의 그를 기억하고 계셨다. 책을 많이 읽는 친구였다고 한다.

　또「전봉준 서사시」를 쓴 장효문 시인도 있다. 몇 년 전 그만 지병으로 돌아가셨지만 여름방학을 맞아 '청소년 독서 캠프'와 '어린이 독서 캠프'를 열 때는 직접 오셔서 문학 이야기를 들려주었다.

　고흥을 활동 기반으로 시를 쓰는 분 중에 송만철 시인이 있다. 그는 지난 학기 중학교 체육교사라는 직업을 그만두고 보성의 대나무숲 마을로 돌아갔다. 얼마 전 선생님의 집을 방문했을 때 마침 두 아이들이 있었다. 초등학교 이후 학교교육을 선택하지 않은 두 아이들은 엄마를 도와 손님으로 온 나에게 맛있는 저녁 밥상을 차려주었다. 네 사람, 한 가족이 농사를 짓고 자급자족하면서 모여 사는 모습 속에서 진정한 가족의 행복감을 엿볼 수 있었다. 우리는 아이들이 조금만 크면 도시의 학교로, 학교 기숙사로 멀리 떠나보낸다. 진로와 공부에 대한 요구로 갈등을 일으키고, 노동에 대한 체험과 가족에 대한 이해 없이

우리 지역의 들판과 바다에서 나고 자란 우리들의 선배들이 어떻게 문학의 길을 가게 되었는지
직접 만나보는 것이 꽤 의미 있는 문학적 체험이 되고 있다.

점점 멀어져가게 한다. 그런 안타까운 마음에 선생님의 가족을 보면
그 삶과 선택을 따라 할 용기는 내지 못해도 부러운 마음이 나곤 한다.

  초등학교를 마치고 학교를 때려치운 딸 아들에게
  낫과 호비를 선물했네

3. 좋아해요, 선생님

땅에 씨 뿌리고 일구어 거둬들이며
일깨워가는 몸과 마음은 배움을 더해 갈 것이라고
발 딛는 순간마다 거침없는 삶은 놓일 것이라고

자신과 우주만물로 통하는 문이 활짝활짝 열릴 것이라고

—송만철의 시「선물」

　　최근 아홉 번째 시집『모월모일의 별자리』를 펴낸 황학주 시인은 고흥군 도화면 구암 바닷가 마을에 '남만'이라는 집을 마련하며 머물고 간다. 종종 그분은 시낭송 등의 문학 행사를 꾸며 사람들을 초대한다. 고흥작가회가 주관하는 고흥만 유채꽃시화전을 찾은 그가 주고 간『노랑꼬리 연』시집 중에 이곳 발포 바닷가를 배경으로 쓴 시를 추천한다.

썰물 질 때, 사랑하는 여인처럼
쫑얼대지 않은 적이 없는 발포
세상이 돌밭처럼 어지러운 날 갈 곳 없는 사내가
온다
해안선으로는 감금되지 않는다
헤프게 물러난 발포 해변은 넓게 두르고 맘껏 걸친다
오, 전에 이런 해변이 내겐 없었다

쇠와 썰물 질 때
들어왔다 나가는 걸음엔 다하지 못한 것이 없으니
물 빠지는 것을 보아라
해 떨어지는 길 일대에서 조금밖에 들어가지 못한 일이 있어
마음 단애 밑이 붉다, 당신은 서운했으리라
밥을 먹듯 나를 받았을 당신을 위해
침대 정리를 마친 이런 해변이 내겐 없었다

시간이 지나자 돌아 나온 것조차 모르겠다
그새 여러 번 백일홍이 당신을 향했으되
사랑이라는 말
가장 멀리 밀려간 데가 어디인지 알고 있는 그 파도는 돌아오
지 않는다
사랑이 아니라고 말한 적은 없는

발포, 등이 멀리 휜 가운데만큼은
아직 아프다

―황학주의 시 「발포 해변」

국어교사는 그 지역에서 성장했고, 그곳을 활동 기반으로 하는 작
가들의 작품을 특별히 아이들에게 가르쳐야 한다. 그들의 작품을 찾아

문학수업 시간에 함께 읽으며 우리 지역의 언어와 정서를 이해하고, 우리 지역의 사람과 자연에 대해 애정을 가지는 것이 중요할 것이다.

가까운 벌교에는 태백산맥 문학관이 있고, 벌교 꼬막 축제 즈음에 조정래 작가가 직접 벌교로 오셔서 태백산맥 문학기행을 안내해주고 있다. 또 장흥에는 한승원 문학관이 마련되어 다양한 문학 행사를 만들고 있고, 국어 교과서에 실린「눈길」을 쓴 이청준 소설가의 숨결을 느낄 수 있다. 또 순천만에는「무진기행」을 쓴 김승옥 작가의 문학관이 마련되어 있는데 순천만의 무진교와 방죽을 거닐며 소설 속으로 빠져 들어갈 수 있다. 작년에는 우리 학교 문학 동아리 아이들과 시집『숲에 들다』를 낸 박두규 시인의 자택인 구례 섬진강가로 가서 그분의 시와 삶에 대한 이야기를 들었다. 해남에는 김영랑 문학관과 김남주와 고정희의 생가가 보존되어 있어 문학기행을 할 수 있다. 이렇게 전남 지역에는 문학을 체험하고 느낄 수 있는 곳이 많다. 각 지역의 국어교사모임이나 지역의 작가들 모임과 연계해서 문학기행을 더 풍부히 할 수 있도록 해보면 재미있을 것 같다.

고흥군은 지역의 문화적 자원을 적극 보존하고 창출하는 일에 나섰으면 한다. 고흥 문학의 과거와 현재, 미래를 발굴하고 지원하는 일을 했으면 한다. 앞서 말한 송수권 시인은 그런 일에 소극적인 고흥군에 섭섭한 감정을 감추지 않고 있다. 지역에서 창작하는 사람들에게는 그들대로 좀 더 의미 있는 관심과 지원이 있었으면 한다.

살아가면서 만나게 되는 문학작품 한 편에도 힘을 받을 수 있다.

문학을 통해 세상을 보는 눈이 더 크고 깊어진다는 것을 알려주고 싶다. 행복한 책읽기를 통해 향기로운 삶을 생각해보도록 하고 싶다. 우리 지역의 들판과 바다에서 나고 자란 우리들의 선배가 어떻게 문학의 길을 가게 되었는지 함께 해보는 것도 꽤 의미 있는 문학적 체험이 될 것이다.

공부의 신이 되고 싶니

몇 년 전 드라마「공부의 신」을 2회 정도 보고, 더 이상 보지 않았다.

"불평만 늘어놓는 찌질이가 아니라 룰을 뜯어고치는 사람이 돼라."

"확실한 대안도 없이 학생들을 위한답시고 끌어안는 선생님 같은 사람 때문에~"

라며 김수로가 배두나 선생에게 쏘아붙이는 몇몇 장면을 보았다.

학교를 살리는 방법은 '천하대'에 보내는 것이라며 특별반이 따로 편성되었다. 그러다가 외부에서 언어영역 강사를 특별히 초빙하는 장면이 나왔다. 그는 '빠르게, 무조건 외워라'라고 공부 비법을 소개했다. 또 다른 장면에서는 영어교사인 배두나의 사전 동의 없이 영어강사를 불러오는데, 불쾌해하며 문제 제기를 하는 그녀에게 수업 장면을 몰래 찍은 동영상을 보여주며 압박을 했다.

"당신은 좋은 교사다, 그러나 능력 있는 교사는 아니다. 왜 아이들이 전부 자고 있느냐."면서.

지역에서 명문고로 인정받기 위해서 아이들을 서울대학교에 보내야 한다는 암묵적이고도 강고한 분위기는 드라마와 다르지 않다. 나도 배두나 선생처럼 수업시간에 조는 아이들을 열심히 깨운다. 우리의 인생은 아이들을 깨우다가 끝나겠다고 하소연하는 국어선생님의 말에 공감하면서 말이다.

작년 한 해 문학수업을 하며 작품을 꼼꼼하게 읽고, 다양한 문학적 체험을 해보면서 독해력, 감수성을 키워보고자 했다. 그런데 "문제집을 풀어주고, 수능 팁을 알려주면 좋겠다." 등의 문제 제기를 들어야 했다.

그래서 올해 고2 아이들에게는 EBS 교재로 문제를 풀어가는 문학수업도 넣었다. 그런데도 또 이런 이야기를 들었다.

"왜 문제는 조금 풀고, 작품 이야기를 많이 하세요?"

"무조건 문제만 많이 풀어보면 되잖아요. 작품이나 지문을 그렇게 해석하고 감상할 필요 없잖아요."

그래서 학생들과 타협하여 보충수업 시간에는 문제 풀이를 한다. 그런데 그렇게 안달하던 문제 풀이 수업을 한 달쯤 반복하니 아이들도 나도 지쳐갔다. 참 아이러니한 풍경이다.

최근 일본의 '배움 공동체' 교육 방식이 큰 관심을 일으키고 있다. 그 중심에 있는 사토 교수는 말한다.

"교사와 학생이 함께 배우고 성장하는 수업을 만들어야 한다."
"교사의 독백이 아닌 대화로 하는 수업이어야 한다."
"경쟁만 아는 아이들은 배우지 못한다."

그의 말이 가슴에 깊이 새겨진다.

"선생님은 사범대 나와서 하고 싶은 교사도 하면서 안정적으로 사시니까 여유가 있으신 거예요. 우리한테 대학입시 말고도 인생에 대해 생각하는 공부를 해야 하고, 감수성과 인성도 키워야 한다고 하시는데요, 전 집도 가난하고, 실력도 없어서 앞으로 어떻게 될지 너무 불안해요. 선생님처럼 다른 걸 느끼고 생각할 여유가 없어요."
라고 이과 반의 남학생이 항변을 했다. 그러면서 문학수업 시간에 수학공부를 하면 안 되겠냐는 부탁까지 했다.

그 아이와 도서실에서 단둘이 이야기를 나누고 나서도 그 말이 머릿속에서 떠나질 않는다. 나는 학력고사 세대라 교과서에서만 시험문제가 나왔고, 지금 수능은 교과서 밖에서 나오니 이해할 만한데도 아이들은 잘 설득당하지 않는다. 수능은 이미 교과서를 벗어나 독해력과 사고력을 측정하고 있는데 말이다. 치열한 대학입시제도가 엄연히 존재하는 현실 속에서 아이들에게 진정한 문학 교육에 대해 말하기가 참 어렵다.

수능 문제 유형 대비와 문학수업의 간극은 존재한다. 그런데 솔직히 나는 아이들을 문제 푸는 기계로 만들고 싶지도, 그렇게 시킬 능력도 없는 것 같다. 문학작품을 읽기도 전에 교사가 이런저런 줄거리

서울 여자, 시골 선생님 되다

와 특징을 설명해주면 학생들에게 어떤 독해력과 감상 능력이 생길 수 있을 것인가. 그렇게 작품을 뜯어버리고 단 하나의 해석만을 외워버리면 얼마나 문학이 단순하고 지긋지긋할 것인가.

　애들아. 오늘 우리가 감상하고 이해해야 할 작품은 이거야. 한번 집중해서 읽어봐라.
　어차피 작품은 혼자 몰입해서 끝까지 읽어야 한다.
　이해가 안 되는 부분을 질문해보렴.
　무엇을 이해하는 데 가장 힘들었니?
　다른 사람의 생각이 듣고 싶은 부분을 토론 주제로 정해보자.
　너희는 그렇게 생각했구나, 선생님은 이렇게 생각했는데…….

　이렇게 교실 곳곳을 돌아다니며 처음부터 끝까지 작품을 읽도록 격려하고, 아이들이 질문하고 대답하는 수업이 가능할 것이다. 그러고 나서 작품에 대해 토론하고, 비평문을 써보는 활동까지 온전히 해본다면 독해력을 키우는 능력이 훨씬 향상되고, 문학을 공부하는 즐거움을 맛볼 수 있을 것이다. 학생들은 언제나 졸 준비가 되어 있다. 교사가 일방적으로 설명하면 아이들은 지루해하고 배움이 일어나지도 않는다. 스스로 배울 수 있도록 이 영혼들을 깨워야 한다.
　드라마 「공부의 신」에 등장하는 언어 강사는 독자로서의 주관적 감상은 배제하라고, 무조건 암기하고, 빨리 풀라고, 그런 공부에 매진하라고 호통을 친다.

3. 좋아해요, 선생님

그렇게 한다고 한들 몇 달 만에 모두 언어영역 1등급이 될 수 있을까.

내신 수업까지 수능의 노예가 되어 기계적인 수업을 해야 할 것인가. 설사 그렇게 객관식 문제 푸는 공부 기계가 되어 1등급이 된다고 한들, 앞으로 이 아이들은 어떤 사람으로 성장하는 걸까.

서울 여자, 시골 선생님 되다

학교는 공사 중

　도로며 강바닥이며 할 것 없이 대한민국은 공사 중이다. 학교도 공사가 한창이다. 학교가 교과교실제와 그린스쿨 등의 예산 지원을 잔뜩 받게 되자 천장부터 일제히 뜯어고치기 시작했다. 먼지와 소음 때문에 도저히 학교에 있을 수가 없다. 그래도 방학에 보충수업을 하지 않을 수 없다고 해서 여자중학교 교실을 얻어 수업을 하고 있다.

　여중 도서실을 임시 교무실로 만들어 선생님들이 지각하는 아이들, 땡땡이치는 아이들, 신발 신고 복도로 들어오는 아이들을 혼내고 있다.

　임시 피난처같이 큰 탁자에 컴퓨터도 없는 도서실에서 선생님들끼리 얼굴을 마주 보고 있을 수밖에 없는 상황이 되었다. 따뜻한 모과차 한잔으로 목을 쉬게 해주는 곳이 되었다. 하루를 그렇게 보내고 나서 내가 말했다.

"교무실이 이래야 하는 거 아니에요?"

"그래 맞아. 다들 출근하면 컴퓨터랑 대화하고, 교과교실제는 교사를 더 따로따로 분리시킬 거야."

"맞아요, 그래서 정전이라도 되면 선생님들이 뭘 해야 할지 공황 상태에 빠지잖아요."

모처럼 한 공간에서 여유 있게 웃을 수 있었고, 가운데 뜨듯한 난로 하나만 있으면 더 좋겠다는 말까지 했다. 몇 분 중년의 남자 선생님들은 수십 년 전으로 이미 날아가서 그 시절을 그리워하기까지 했다. 컴퓨터도 자가용도 없던 시절의 끈끈했던 추억들이 가득한 모양이다.

독서가 아니라 인터넷 검색으로 수업을 준비하고, '업무 포털'이라는 시스템과 '쿨 메신저'가 사람의 온기를 빼앗고 있기 때문에 잠시도 컴퓨터에서 얼굴을 빼지 못하고 꾸부정한 채 일에 몰두하는 모습이 우리 교무실의 풍경이다. 잠시 컴퓨터 모니터를 꺼버리고 인간적인 휴식을 취하기도 어려워졌다. 쿨 메신저를 통해서 보고해야 할 업무는 실시간으로 날아오고 부재중이기라도 하면 수업하는 교실과 도서실로 찾아오기까지 하기 때문이다.

책과 차가 있는 따뜻한 이 도서실처럼 교무실을 만들어놓고, 교사가 따로 또 같이 앉아서 교재 연구를 하고, 수업 준비에 몰입할 수 있다면 얼마나 좋을까. 공문 처리와 발송, 수업 시간표 관리, 방과후학교 운영, 외부 강사 채용, 입학식과 졸업식 운영, 컴퓨터 수리, 교과서 주문과 배급 등 산더미 같은 업무는 교감선생님과 행정실의 협조

서울 여자, 시골 선생님 되다

하에 교육 행정사들이 교육 행정실에서 해야 할 것이다. 교사는 수업을 연구하고 준비하는 데 열정을 쏟고, 학생 생활지도를 우선하며 그들의 이야기에 귀 기울이며 원만한 관계를 맺어간다면 교사와 학생이 좀 더 행복한 학교가 될 것이다.

교사와 학생들은 왜 이렇게 뼈 빠지게 학교에 남아 서로를 통제하며 살아야 하는 걸까. 늦게까지 학교에 불이 켜져 있어야 한다는 강박관념 속에서 누구도 행복하지 않다는 것이 문제다.

방과후학교 업무를 하면서 보충수업 수당이 필요한 동료 교사가 있다는 것도 알게 되었지만, 대다수의 교사는 학생과 교사의 영혼을 지치게 하는 보충수업은 하고 싶어 하지 않는다는 것도 알았다. 보충수업을 더 한다고 해서 수능 성적 등급이 올라간다는 객관적인 보고도 없다. 정규수업을 내실화하는 데 교사의 모든 열정을 쏟았으면 한다.

불행과 불안과 실망만이 지금의 학교를 유지시켜 주고 있다. 교사는 학생들을 닦달하고, 학생들은 끝없는 경쟁 속에서 러닝머신에 올라가 있는 사람처럼 밀폐된 공간에서 쉴 새 없이 달리고 있다.

10년 전보다, 20년 전보다, 30년 전보다 바쁘게 살고 있지만, 지금 더 행복하다고 말하는 교사는 아무도 없다. 겨울방학 때 잠시 둥지를 튼 이 도서실처럼 학교가 좀 따스하고 평화로우면 좋겠다.

교사는 감정노동자일까

올 한 해 학생들과 유독 힘들게 부대끼며 살았다. 아이들의 말과 행동 때문에 감정을 많이 상했다. 어떻게든 화를 내기보다는 웃으면서 좀 더 부드럽고 친절하게 학생들과 만나고 싶어 하는 나는 감정노동을 하는 노동자일까. '감정노동자는 노동과정 중 다른 사람의 기분을 맞춰 자신의 감정을 조절해야 한다'고 조정환은 『인지자본주의』에서 밝혔다. 교사가 학생 자신을 변함없이 믿고 있으며 애정을 가지고 있다는 것을 느낄 수 있도록 해야 신뢰 관계가 생기고 이런 관계가 되어야 교과지도든 생활지도든 잘할 수 있다.

농협을 방문하면 창구에 앉아 있는 직원들이 자리에서 일어나 활짝 미소를 지으며 고객을 맞이한다. 겉으로는 웃고 있지만 속마음은 괴로운 증상이 스마일 마스크 증후군이라고 한다. 밝은 모습을 보여

서울 여자, 시골 선생님 되다

야 한다는 생각에 사로잡혀 감정이나 화를 제대로 발산하지 못해 생기는 우울 상태의 일종이라고 한다. 교사들도 의례적인 웃음으로 동료와 학생을 반복해서 대하다 보면 큰 병이 될 수 있을 것이다.

학생들은 저희들끼리 모이면 학교와 교사들의 흉을 본다. 교사는 교사대로 '미운' 아이들에 대한 성토를 한다. 학생과 교사는 이렇게 답답한 학교 안에서 공존하며 서로를 불신하고 상처를 주고 있다.

학교에는 학생들이 교사에게 대들고 수업을 거부하는 일이 생기고 있다. 학생의 잘못을 진심으로 인정하게 하고 그들의 억울하고 속상한 마음을 이해해줄 수는 없었는지 후회스러운 일도 많다. 그리고 나는 나대로 학생들에게 서운하고 속상한 마음을 제대로 전달했으면 좋지 않았을까 싶다. 오히려 내 감정을 숨기고 학생의 잘못을 지적만 하고 있으니 일방적으로 비난받았다고 느낀 그들이 상황을 제대로 이해하고 받아들일 수 없었을 것이다.

이번 방학 때 에듀니티에서 주관하는 '학생의 마음을 움직이는 교사 리더십 과정' 연수를 듣고 있다. 아이를 변화시키려면 교사인 나를 변화시켜야 한다는 생각에 원격 연수를 신청해서 들었다. 학생을 바라보는 가치관과 이해하는 마음을 갖는 것만으로는 학생들과 원활하게 소통하여 긍정적인 변화를 이끌어낼 수 없었다. 대화의 기술과 방법이 필요하다는 것을 알게 되었다. 그중에서 '입으로 듣기'가 있다는 것을 알았다. 오히려 나처럼 고개만 잘 끄덕거리는 사람은 상대와 대화를 하는 게 아니라 독백을 하고 있는 경우가 많다는 것이다. 학생들 말의 이면에 숨겨진 의도를 생각하면서, 그 말을 다른 문장으로 바

서울 여자, 시골 선생님 되다

꾸어 다시 말해보라고 했다. 그렇게 하면 상대방에게 내가 공감을 하고 있음을 전달할 수 있다고 한다. 올바른 방향으로 지도하려는 의도적인 말은 그런 공감의 관계가 형성된 다음에 전해도 된다는 것이다.

지난 일 년, 몇몇 학생들 때문에 감정을 억누르고 조절하기가 쉽지 않았다. 나의 감정을 주시하고, 그 감정을 제대로 전하면서 학생과 대화해나가면 좋았을 것이다.

교사가 문제를 해결하지 못한 채 감정을 지나치게 억누르고 교실 속으로 들어가는 일이 얼마나 고통스러울 것인가. 교사가 행복해야 여유 있게 아이들을 포용하며 긍정적으로 지도할 수 있다.

담임을 하는 동료 선생님들, 학생들의 화와 짜증을 온몸으로 받는 분들. 지나치게 감정이 상해 자아 존중감까지 다쳤다면 감정 코칭을 받고 치유해볼 수 있는 프로그램이 있었으면 좋겠다.

학생들과의 거리감

중간고사를 불과 며칠 앞두고 있는 토요일에 계발활동이 있었다. 시험을 앞둔 계발활동 시간이라 별 고민 없이 시험공부로 대체했으면 싶었다. 아이들 몇몇이 찾아와서 시험공부를 해도 되냐고 묻기도 했다. 그래서 교감선생님과 학생부장님에게 계발활동을 그대로 진행하는지 물어보았고, 시험공부를 해도 좋겠다고 말씀드렸다.

2학년부장인 나는 미처 옆 반 담임선생님들과 학생들에게 말해주지 못한 채 결정을 했다. 그렇게 무심코 내린 결정이 아이들의 반발을 크게 샀다. 특히 며칠 전부터 이 시간을 기다리며 운동복까지 준비한 운동부 아이들과 실험을 하려는 과학반 아이들에게 원성을 들었다.

토요일 아침 자습시간에 교감선생님과 학년부장 선생님들과 학생부 선생님과 협의해서 정한 일이라고 말했는데도, 내가 혼자 결정해

서울 여자, 시골 선생님 되다

놓고 거짓말을 하고 있다고 심하게 공격을 당했다. 옆 반의 담임선생님이 버릇없는 말과 행동에 화가 나서 그 아이를 불렀지만, 자기 교실로 들어가서는 다시 찾아오지 않았다. 그 이야기를 들은 어떤 아이가 항의를 하듯 교장실 문을 열었다가 닫더니 도망을 갔고, 교장선생님의 신발을 던지다가 발각되기도 했다.

그렇게 불편하게 주말을 보내고 나서 특히 반발이 컸던 학급에 가서 사과를 했다. 미처 너희들의 의견을 수렴하지 않고 너희들이 소중하게 생각하는 계발활동 대신 자습을 하도록 한 것은 잘못된 판단이었고, 다음에는 이런 일이 없도록 노력하겠다고 했다.

그런데도 한 학생이 도교육청 게시판에 다시 민원을 제기했다. 퇴근하는 내 차 손잡이에는 쪽지가 있었다. '다음에 또 거짓말하면 또 도교육청에 민원 낼 거니까 조심해'라는 내용이었다. 나는 계발활동을 자습으로 바꾼 것이 문제라고 생각했는데 아이들은 교사인 내가 거짓말을 한 것이 더 큰 문제라고 생각하고 있었던 것이다. 그 아이를 어떡해서라도 불러서 문제를 해결했어야 했다. 그 일로 계속 내 자신을 돌아보고, 잘못을 인정하며 사과까지 했는데도 그 학생들과의 관계는 회복되지 않았다.

평소 존경하는 선배 선생님께 연락을 했다. 선생님은 고3 담임으로 수능을 앞두고 야자 감독을 해야 했지만 기꺼이 저녁시간을 만들어 광양에서 만나러 와주셨다. 늦은 시간 고흥에서 운전해서 오기 쉽도록 배려해주셔서 고흥과 순천의 경계에서 선생님을 만났다. 선배 선생님 앞에서 눈물을 흘렸다. 평소 나의 교육관과 성향을 잘 아는 선생님은 강해지라며 몇 가지 이야기를 들려주셨다. 그리고 멘토 선배 교사가 있어야 한다고. 얼마 전에 동료 국어교사가 우울증으로 목숨을 끊어서 너무 힘들었다는 이야기도 들려주셨다.

잘 가고 있다고 생각하다가도 문득문득 이렇게 돌부리에 넘어진다. 지금 나는 나의 불완전함에 대해 생각하고, 아이들의 말과 행동 이면에 숨겨진 본심을 생각한다. 그리고 학생들과 신뢰감 있는 관계 맺기가 얼마나 어렵고, 얼마나 공들여야 하는 부분인지를 생각한다. 그나마 유대감이 있는 우리 반 아이들에게는 그런 항의를 듣지 못했는데, 다른 학급에서 그렇게 심하게 문제 제기를 받은 것의 차이에 대해서도 생각한다. 그리고 올해 일이 너무 많고 그 일에 에너지를 뺏겨 아이들과의 갈등 상황을 예방하지 못한 건 아닌지 생각한다. "현명한 교사는 아이에게 말을 할 때 집을 찾아온 손님에게 하듯 한다"고 했는데, 처음 항의하러 온 아이의 태도가 건방지다는 것에만 집중해서 문제를 더 키운 것에 대해서도 생각한다. 아이들의 항의를 대수롭지 않게 생각하거나 방치해서는 안 된다는 것, 실제로 학급 내 여론을 주도하는 것은 그 아이들이라는 것에 대해서도 생각한다. 다만 아쉬운 것이 있다면 그 아이가 내게 분노를 표출하고 거칠게 행동해도 교사에게는 제한선이 있음을 가르치지 못한 것이 올해 나의 한계였음을 생각한다.

나를 또 교사로서 일어나게 하는 내 자신이 있다. 또 많은 아이들이 여전히 나를 기다리고 있다. 그리고 한결같이 지켜봐주는 선배와

서울 여자, 시골 선생님 되다

동료 선생님들이 아주 가까운 곳에 있다. 멘토 선생님 앞에서 한바탕 울었던 순천만 갤러리 카페의 와인 한잔 생각이 간절하다.

나는 아직 성장 중이다.

학생들을 천사라고 말하는 선생님

옆 자리 국어선생님의 첫 발령지인 보성군의 어느 작은 중학교를 상상해본다.

귀 기울여보면 거기 총각 선생님 곁에서 아이들이 와글거리며 웃고 있다. 눈을 감으면 교문 앞에서 펼쳐지는 보성 강가의 햇살같이 투명한 아이들이 한껏 부푼 호기심과 사랑스런 눈을 깜빡거리며 모여 놀고 있다.

선생님은 처음으로 발령받은 학교에서 천사 같은 아이들을 만났다고 한다. 착하고 예쁜 그 아이들은 제자가 아니라 삶의 스승이었다고 한다. 어느 날 이십 년이 넘는 시간을 훌쩍 뛰어넘어 청년이 된 제자가 교무실 문을 열고 선생님을 찾아왔다. 선생님은 제자의 결혼식 주례를 부탁받았다.

서울 여자, 시골 선생님 되다

사람들은 통과의례처럼 학창 시절을 거쳐 어른이 된다. 학생들은 많은 선생님들과 어떤 식으로든 관계를 맺고 배우며 성장한다. 우리들 각자가 기억하는 선생님의 모습은 조금씩 다르다. 그 선생님들은 첫사랑의 대상이 되기도 하고, 어른이 되면 꼭 닮고 싶은 삶의 롤 모델이 되기도 한다. 선생님 하면 대부분 부정적인 기억을 떠올리는 우리나라 사람들 사이에서 이런 따뜻한 기억을 가지고 어른이 된 사람은 행복한 사람이다.

선생님이 모둠별로 일기장을 걷어서 매주 댓글을 달아주시면 아이들은 돌려보면서 일기장을 빼곡히 써내려간다. 학급 아이들 생일 때는 오래오래 키우라는 의미로 조그만 선인장 화분을 꼬박꼬박 손편지와 함께 선물해주신다. 늦은 야자 시간에 아이들을 하나씩 불러 운동장을 걸으며 이야기하는 모습도 여러 번 보았다. 학급 소풍도 학생들이 관심 있는 직업인들을 인터뷰하고 체험해보라고 순천으로 데리고 가셨고, 담임선생님의 의도에 따라 학급 아이들은 열심히 참여했다. 가령 신문방송학 공부를 하고 싶은 아이들은 방송국 PD를 만나고, 관심사나 진로 희망에 따라 변호사, 치과의사, 유치원 교사 등 다양한 직업인을 모둠별로 만나도록 했다.

큰소리를 내거나 화를 내는 법 없이도 아이들이 선생님을 믿고 따르는 학급. 모든 것을 일일이 통제하거나 간섭하지 않고, 조금의 거리는 두고 있어 그 공간을 채우기 위해 아이들은 자율적으로 학급 일에 책임을 다하고 창의적인 생각을 내며 살고 있다.

"다른 것은 몰라도 아이들과의 시간에서는 게으름 피지 않으려고 한다"고 말하며 학생들의 입장을 잘 이해하고 긍정적으로 이끄는 선생님의 모습은 내가 닮고 싶은 모습이다. 아이들은 어느 선생님이 자기들을 믿고 좋아해주는지를 꿰뚫어본다. 언어와 비언어, 반언어 등 숱한 신호를 통해 감지한다.

선생님은 후배 교사를 비롯한 국어과 교사들에게 문학작품이나 수업에 대한 여러 이야기를 물으시고, 대화를 해나가신다. 그렇게 나이가 들수록 허리를 낮추고 새롭게 배우고 토론해야 늙지 않겠구나라는 생각을 하게 되었다.

굵직굵직하게 정리하고 준비해야 하는 일은 부장선생님인 그분께서 다 해주셔서 지난 일 년 동안 인문독서부 기획일을 재미있게 할 수 있었다. 송수권 시인과 『열일곱 살의 털』을 쓴 김해원 소설가 등 작가 초청 강연, 독서 퀴즈 등 독서의 날 행사, 독서토론과 『김해화의 꽃편지』를 쓴 김해화 시인 초청 강연과 시낭송, 연극인 조선영 씨와 함께 해보는 연극 체험 등 풍성했던 독서 캠프의 진행과 운영을 물 흐르듯이 해주셨다. 격주로 시사 논술지를 만들고 첨삭하며 평가하는 일, 학급별로 신문을 보게 한 후 활동지에 스크랩하여 간략한 평을 쓰게 하는 일과 독서기록장을 활용한 독서교육은 첨삭해주는 일이 많아 몸이 좀 고달팠지만 아이들의 읽기 능력을 향상시킬 수 있었다.

같은 교과, 같은 학년 담임, 같은 업무 속에서 뜻이 맞아 함께 의논하며 일할 수 있는 동료 교사가 있다는 것은 학교생활의 축복이다.

제자의 초대를 받고 생애 첫 주례를 하러 가시는 선생님. 주례사는 짧게 하시고 그 옛날 제자들이 선생님께 합창해주었던 그 노래로 색소폰 연주를 해주신단다.

선생님도 아이들도 행복하겠다. 지금은 폐교가 되어 습한 바람이 불고, 무너진 담벼락 아래 텅 빈 운동장엔 풀이 무성하겠지만 그 푸르렀던 겸백중학교로 다들 날아가겠다. 학교는 사라졌어도 그날 선생님과 아이들이 맺은 인연은 학교 앞 보성강처럼 오래오래 빛날 것이다.

연대의 마음

하종강의 신문 칼럼을 통해 김진숙, 그녀가 고공 크레인에 올랐다는 사실을 알았다. 한진중공업 노동자 대량 해고에 반대하며 크레인에 홀로 올라가 싸우고 있단다. 85호 크레인은 2003년 한진중공업 노조 위원장 김주익 씨가 129일 동안 농성을 벌이다 목숨을 끊은 장소이다.

"새벽 세 시 고공 크레인에서 바라본 세상은 어떤 모습이었을까요? 올 가을에는 외롭다는 말을 아껴야겠다고요. 마치 고공 크레인 위에 혼자 있는 것 같은 느낌. 이 세상에 겨우겨우 매달려 있는 듯한 기분으로 지난 하루를 버틴 분들……."

이렇게 라디오에서 울려 나오던 죽은 정은임 아나운서의 목소리와 오프닝 음악도 기억한다.

노무현 대통령이 죽었을 때 '노무현 변호사님, 다음 생엔 노동자로 만나자'라고 쓴 김진숙의 편지도 기억한다. 그때 그 글은 노무현 대통령 죽음의 집단적 슬픔에 대해 가장 공감했던 글이었다.

부산 영도의 한진중공업을 향해 떠나는 희망버스를 타게 된 것은 완도 넙도라는 섬의 어느 중학교에서 근무하는 선생님의 독려 문자 때문이었다. 트위터를 통해 그녀가 무엇을 바라는지, 어떻게 그 높고 좁고 쓸쓸하고 위태로운 그곳에서 버티고 있는지를 숨죽여 전해 듣고 있었다. 배우 김여진은 트위터를 통해 다정하게 그녀를 '당신'이라고 부르며 그의 안부를 챙기고 소통하고 있었고, 송경동 시인은 지속적인 애정과 연대의 정신을 실천하는 과정에서 인문학적이고도 사회실천적인 상상력을 발휘하여 희망버스를 만들어냈다.

그래서 희망버스를 타고 부산 영도를 향해 떠나게 되었고, 돌아와서 학생들에게 그날 있었던 여러 가지 일에 대해 전하며 신문 칼럼과 사진을 보여주었다.

우리 지역의 고등학교를 졸업한 청소년들은 거의 백 퍼센트 고향을 떠나 도시로 간다. 서울이나 광주 혹은 순천으로 진학하는 아이들이 4년 동안 그 비싼 등록금과 의식주에 필요한 생활비를 내가면서 졸업장을 따더라도, 끝도 없는 취업 준비에 시달리다 대다수는 비정규직으로 나가게 될 것이다.

방학 중 대학생 멘토링 수업을 하러 온 한 졸업생은 서울에 있는 4년제 사립 대학교를 다니는데, 장학금을 못 받아서 아버지가 자퇴하라고 했단다. 농담이겠지, 하고 물었더니 그 학교에 기숙사가 없어서 지난 일 년 동안 혜화동에 있는 4평짜리 고시방에서 월 40만 원을 주고 살았다고 한다. 서울에서 그 대학 출신이면 고액 과외도 할 수 있지 않느냐고 물었더니 방세랑 생활비를 생각하면 고향에 와 있는 게 더 경제적이라고 한다. 서울 지리도 잘 모르고, 과외도 인맥으로 다 연결이 되어 있어 자리를 구하기가 쉽지 않았다고 한다. 요새 서울 학부모들은 대학생에게 과외를 시키지 않는다고도 한다. 그래서 다음 달에 군대를 간다고 한다. 남학생들이 1학년만 마치고 군대를 가는 절대적인 이유가 등록금과 생활비 때문이라고 한다. 그의 부모님은 고흥에서 두 분 다 비교적 안정적인 경제활동을 하는 분들이다.

고등학교를 졸업하고 세상을 향해 떠난 우리 아이들의 삶이 참 고달프다. 그러니 교사들은 제자들이 대면할 미래를 걱정하는 마음에서라도 사회적 연대를 펼쳐야 한다.

완도 넙도에서 근무하는 신선식 선생님은 2009년에 치러진 일제고사 대신 체험 학습단을 이끌었다는 이유로 정직 1개월의 징계를 받고, 2010년에 넙도의 한 중학교로 강제 발령을 받았다. 그렇게 부산 영도로 교사들을 이끌더니 지난 방학에는 목포에서 서울까지 도보행진을 하셨다. 15박 16일 동안 산천을 걷고 또 걸었다. '대학등록금 폐지, 국립대 법인화 반대, 입시폐지, 대학평준화' 등을 내걸고 말이다.

김진숙, 송경동, 김여진, 신선식. 이분들의 메시지는 게으른 나의 연대의식을 깨운다. 그리고 오늘의 노동문제가 바로 사회에 나갈 내 자녀와 제자들이 겪을 삶의 문제라는 것을 말해준다. 사회적 구조를 바꾸는 데 귀 기울이지 않으면 나는 아이들에게 꿈고문, 희망고문을 하는 거짓말 교사가 될 것이다.

그들이 늘 그렇게 살아서 부끄럽다. 교사라는 안정된 직업에 안주하며, 학생들과 의사불통의 꼰대가 되어가는 것은 아닐까 걱정해야 하는 내 모습 때문이다. 학교 밖과 세상에 나와 함께 연대하지 못하고, 학교 안에서 꽁꽁 숨어 있는 나의 모습 말이다.

3. 좋아해요, 선생님

존경해요, 선생님

외유내강을 거꾸로 하면 '내유외강'이라고 해야 하나. 고흥의 교육문제, 환경문제에 늘 민감하게 문제 제기를 하고 앞장서서 행동해주시는 선생님이 계시다. 겉으로는 강해 보이지만 원만하고 부드러워서 늘 다른 사람의 이야기에 귀를 기울여주신다. 생태모임 '느티나무'를 이끌면서 이곳 고흥만의 철새 보호 활동도 하시고, 한 달에 한 번 고흥 아이들을 대상으로 다양한 체험활동을 기획하고 운영해온 지 꽤 오래 되었다. 이제는 두원의 바닷가 가까운 곳에 집을 짓고, 20년간 초등학교 교사로 보낸 이곳에 뿌리 내릴 준비를 갖추셨다.

벌써 재작년의 일이다. 일제고사를 보는 대신 체험활동을 선택한 초등학생인 우리 집 큰애를 비롯한 고흥의 아이들을 인솔해주셔서 더없이 고마웠다. 나는 고등학교 교사라 고등학생들에게 전국적으로 똑

서울 여자, 시골 선생님 되다

같은 모의고사를 보게 하고, 등급과 등수를 매기는 일은 이골이 나 있었다. 그런데 고등학생, 중학생도 모자라 초등학생까지 똑같은 시험을 보게 해서 등급을 매기는 일은 엄청난 사회적 비용이 손실되는 국가적 폭력이라는 생각이 들었다.

둘러보면 다양한 생각과 자질과 꿈을 가진 학부모와 아이들이 있는데, 하나의 잣대를 가지고 일렬로 줄을 세우는 것이 21세기 교육이라는 것인지, 어느 학교가 하위권인지, 어느 지방 학생의 국·영·수 실력이 모자라는지 밝혀내서 그들에게 절망과 불안감을 북돋아 흔드는 일이 과연 필요한 것일까. 아무리 생각해도 끝도 없는 경쟁보다는 협력과 공존을 가르치는 것이, 획일성보다는 다양성을 가르치는 것이 공교육의 본분이다.

요새는 어떤 정책이나 사안에 대해 자기 입장을 표현하는 것도 자기 검열을 해야 한다고 했던가. 집권한 자신들의 지지자들만 챙기는 정책이 남발되는 시대, 반대자들을 탄압하고 누르는 시대, 약자들에 대해서는 말로만 생색을 내는 시대이다.

우리가 모두 존경하는 선생님이 일제고사 학생 인솔 문제로 전남교육청 징계위원회에 회부되고 중징계를 받는 상황에 처했었다. 지역의 사회단체와 학부모, 또 그분들의 초등학교 제자들, 이제는 중고등학생이 된 제자들이 나서서 중징계 철회를 요구하는 서명을 받아 도교육청에 제출했다.

"그분은 우리 고흥에 꼭 필요한 선생님이야."
라며 우리 면지역의 학부모도 집집마다 서명을 받으러 다녀주었다.

그 결과 선생님은 다른 지역으로 강제 발령을 받지 않고, 대신 나로도라는 섬의 작은 분교로 발령을 받으셨다. 그리고 지난 2년 동안 나로도의 작은 분교를 공교육 속의 대안학교로 삼으며 열심히 교육 활동을 하셨다. 전교생이 스무 명도 안 되는 아이들과 공부를 하고, 토론도 하고, 여러 체험활동도 하면서 지냈는데, 그만 그 작은 학교가 이번에 폐교되었다.

최근 밀양의 국어교사인 이계삼 선생님이 사표를 냈다는 소식을 전해주셨다. 농촌의 고등학교 교사인 그분은 공부만 열심히 하면 꿈을 이룰 수 있다는 거짓말을 더 이상 가르칠 수 없어 '욕망과 공포의 공간'인 학교의 교사직을 11년 만에 그만두고, '입으로 떠들지 않고 몸으로 살기 위해' 농업을 선택하신다는 소식이었다.

여기 강복현 선생님 계획도 그러하다는 것을 알 수 있다. 『녹색평론』 잡지를 탐독하며, 지역에서 농민들과 연대하며 그 구체적인 자급자족의 삶을 준비하고 있다. 올해는 고흥생태모임의 회원인 농업인, 귀농인들과 함께 지역의 직거래운동을 해볼 계획도 하고 계신다.

고흥의 생태를 보존하기 위해 핵발전소 건립을 앞장서서 막고, 올 겨울에는 화력발전소 건립 반대 활동을 하느라 겨울과 봄방학을 다 보내셨다.

교사든 공무원이든 모두 잠시 거쳐 가는 고흥, 이곳은 많은 이들이 유배지처럼 생각하는 지역이다. 발령받고 나서 '울면서 온다'는 곳이란다. 그런데도 고흥과의 인연으로 끝까지 이곳에 남아 교육을

서울 여자, 시골 선생님 되다

하며 농사를 짓고 자발적 가난을 실천하며 살고 싶어 하시는 선생님의 삶은 귀감이 되어 울림을 준다. 강복현 선생님의 삶이나 이계삼 선생님의 글을 보면 부끄러워지는 것은 내가 그 삶을 따라가지 못하기 때문일 것이다.

고흥에서 당장 더 뿌리를 내려야 하는지, 아니면 다른 지역으로 갔다가 좀 더 나이가 들면 이곳에 정착할지를 두고 흔들리며 고민하는 나에게 오늘 선생님은 말해주신다. 어느 한 가지 잣대를 가지고 그 기준에 맞추어 무리하게 따를 필요는 없다고. 오히려 시간이 걸리더라도 충분히 고민하고 실행하는 삶이 더욱 탄탄하다고. 갓길 많은 길을 가다가 주춤거리는 내 앞에 선생님은 또 저만큼 고요하게 앞서 걸어가고 있다.

3. 좋아해요, 선생님

독서 캠프에서 만난 노동자 시인

지난 여름방학 독서 캠프 계획을 발표하자 지원자가 넘쳤다. 많은 아이들 중에서 어떻게 참가자를 뽑을 것인가를 논의해야 했다. 학급 별로 국어부장을 모아놓고 추첨을 했다. 경쟁률 2대 1이다. 책을 좋아하는 아이들은 학교를 빠져나가 1박을 하며 토론하고 활동하는 일에 큰 기대를 가지고 있다. 그 아이들 중에는 학생생활기록부에 독서 캠프에 참여한 것을 끼워 넣고 싶어 하는 경우도 있다. 문학적 체험을 하기 어려운 소외된 농촌지역이라 그런 기회를 제공하는 것도 큰 의미가 있다는 생각에서 해마다 추진하고 있다.

1박 2일 일정으로 독서 캠프를 진행했다. 희망자를 받고, 사전에 독서토론 책인 공지영의 『즐거운 나의 집』과 김해화의 『김해화의 꽃편지』를 사서 읽게 했다. 자료집을 미리 나눠주고 토론 준비를 하도록

3. 좋아해요, 선생님

했다. 우리 학교 국어선생님 세 분과 지역에서 오랫동안 독서토론을 이끄신 명혜정 선생님이 학생들 모둠을 하나씩 맡아 진행해주셨다.

김해화 시인을 초대한 이유는 우리와 가까운 순천에 살고 계시기 때문이기도 했지만, 지난 봄 순천대 백일장에서 겪은 일 때문이었다. 운문 분야 시제로 '철쭉'이 나왔는데, 농촌에서 자란 우리 아이들이 철쭉꽃이 무슨 꽃이냐고 물어본 것이다. 모두들 영어단어를 외우고, 수학 정석을 푸느라 늦도록 학교에서 공부만 하니 봄에 핀 철쭉이 그 이름을 가지고 피고 지는 것도 몰랐던 모양이다. 산에 들에 피는 철쭉꽃도 모르고 문학 공부를 한다고 하니…… 그때는 스마트폰이 없어서 학교에 있는 친구들에게 이미지를 찾아서 핸드폰으로 전송을 받는 등 저희들끼리 법석이었다. 그래서 『김해화의 꽃편지』라는 책을 골라주었고, 직접 시인을 초대해 꽃과 문학에 대한 이야기를 들려주고 싶었다. 문학 교과서에서는 소홀히 다루는 노동문학에 대한 이야기를 들려주고 싶기도 했다.

그분은 노동자 시인이니까. 박노해의 『노동의 새벽』, 백무산의 『미포만의 아침』, 김해화의 『인부의 수첩』은 1990년대 초 많은 이들이 노동현장의 삶에 대해 인식하고 공감하도록 했던 작품이다.

큰 화면을 볼 수 없는 공간이라 노트북에 저장된 야생화를 보여주어 아쉬웠지만, 산천에 핀 야생화를 만나 촬영하고 다시 시로 써 내려간 이야기를 조근조근 들려주셨다. 또 여순사건에 대한 숨은 이야기도 해주셨다.

문학 강연이 끝나고 조그맣게 시낭송 자리를 마련했다. 아이들은 시집『김해화의 꽃편지』속에서 가장 마음에 드는 시를 한 편 골라 음악과 함께 낭송했다. 진행을 하시던 다른 국어선생님이 갑자기 내게도 시낭송을 시켰다. 나는「길 위의 사랑」을 낭송했다. 너무 몰입해서 낭송했나 보다. 얼굴이 조금 빨개졌다. 맨날 아이들에게 발표를 시키기만 해서 별거 아니라고 생각했는데 마이크를 잡고 분위기를 내려니 쑥스러웠다. 그런 기분이 느껴지는 것도 참 '모처럼'이다.

주차장 옆 민들레에게
사랑한다고 말해버립니다

고향 길 동구 밖 감나무에게
사랑한다고 말해버립니다
비 오는 저녁 캄캄한 하늘
깃 들으러 환하게 날아가는 흰 새들에게
밤길 달리다가 우뚝 마주쳐
차 안 빤히 들여다보는 눈 말금한 암노루에게
사랑한다고 말해버립니다

밤늦어 혼자 찾아간 포장마차
마주 앉아 술 마셔주는 따뜻한 사람에게
삶에 지쳐 몸 기대 오는 외로운 여자에게
비틀비틀 사랑한다고 말해버립니다

나는 사랑이 참 헤퍼서

길 가다 마주치는 모두에게

사랑한다고 쉽게 말해버립니다

그러나 어쩝니까

내가 사랑할 수 있는 이는

이렇게 먼 길을 함께 가는

당신뿐

-김해화의 시「길 위의 사랑」

독서 캠프가 끝나고 며칠 후 메일이 도착했다.

"아이들에게 들려주고 싶은 이야기와 아이들이 듣고 싶은 이야기 사이가 좀 멀지 않았나 하는 생각이 듭니다. 아이들의 정서에 맞추어 들려주고 싶은 이야기를 잘 정리해야 했을 텐데. 어쩌겠습니까? 말쟁이는 아니니…… 잘 돌아왔습니다. 아이들의 행복한 모습을 만난 것은 나에게도 큰 행복이었습니다. 선생님들이 훌륭한 탓이라고 생각합니다."

가끔 부지런하고 섬세한 시인이 미리 가서 찍은 들꽃이 보고 싶어 그의 카페를 찾아간다.

'히어리 엽서'라는 곳이다(http://cafe.daum.net/kimhaehwa).

낙안에 있는 금둔사, 내가 사랑하는 그곳에 홍매화가 필 때이다. 시인은 먼저 그곳에 들렀을까.

청소년 시집을 읽다

박성우의 시집 『난, 빨강』을 함께 읽었다. 아이들은 청소년의 시각으로 쓴 40대 '아저씨'의 시집을 무척 좋아했다. 거의 대부분의 시에 대해 공감했고, 1학년 여자아이는 모둠 발표 때 「헷갈려」 시를 설명하며 눈물을 줄줄 흘렸다. 살쪘다고 놀림을 받아본 경험이 있었다고.

그 시 속에 등장하는 화자의 엄마처럼 "넌 지금 그대로가 제일 예뻐, 적당히 통통하니 얼마나 사랑스럽고 예쁘니!"라는 구절을 인용하며 자신의 경험을 떠올려 이야기하다가 아예 꺽꺽거리면서 울었다.

쉬는 날 어쩌다 텔레비전 좀 볼라 치면 S라인이 어쩌고 V라인이 어쩌고 한다 몸짱 얼짱, 섹시라인 연예인들이 솔직히 부럽다

엄마 아빠, 나도 살 좀 뺄까? 넌 지금 그대로가 제일 예뻐, 적
당히 통통하니 얼마나 사랑스럽고 예쁘니! 착한 우리 딸 몸매
가 최고야, 그러니까 다이어트 할 생각 말고 공부나 해 마음이
예뻐야 진짜 예쁜 거 아니겠니?

쉬는 날 어쩌다 텔레비전 좀 볼라 치면 엄마는 S라인 V라인 몸
짱 여자 연예인 몸매 부러워하느라 호들갑이고, 아빠는 S라이
V라인 몸짱 여자 연예인 몸매 쳐다보느라 여전히 입을 헤벌린
다 이게 뭐냐구요

─박성우의 시 「헷갈려」

그리고, 「심부름」이라는 시를 낭송하고 설명하면서도 계속 눈물을
짜냈다. 형제자매 가운데 자기가 공부 제일 못하는 사람들은 다 공감
할 것이라면서. 시야. 어쩌자고, 애들을 울리는 거야.

누나는 고 삼이다
반에서 일이 등 하는 고 삼이다
그런 누나가 뜬금없이
만두가 먹고 싶다고 해서,
뒤에서 오 등 정도 하는 내가
밤늦게 만두 심부름을 갔다
너무 늦어서 이 골목 저 골목

학교 밖에 나가 지역의 미술관을 빌려 독서 캠프를 매해 운영했다. 책을 통해 서로 배우고 진솔하게 서로에게 귀를 기울이는 시간이다.

문 닫지 않은 만두 집을 찾아 헤매다가
큰 사거리 근처까지 나가서 겨우 샀다
만두가 식을까 봐 뛰어서 집에 갔다
심부름 가서 딴짓하다 늦게 왔다고
엄마한테 잔소리를 잔뜩 들었다

난 뒤에서 오 등이니까,
말대꾸할 힘도 없어서 그냥 잤다

-박성우의 시「심부름」

또 아이들은「몸부림」이라는 시도 좋아했다.

나의 지독한 몸부림이 누군가의 눈에는 그저 아름다운 풍경으
로 비춰질 때가 있다. 가령 물고기가 뛸 때다, 해 질 무렵 물고
기가 튀어 오르는 것은 붉고 고요한 풍경에 격정적인 아름다움
을 더하기 위해서가 아니다 그것은 비늘 안쪽으로 파고드는 기
생충을 털어내기 위한 물고기의 필사적인 몸부림이다 농부가
해 지는 들판에서 땅에서 허리를 깊게 숙이는 것 또한 마찬가
지, 농부를 엄숙하고도 가장 서정적인 아름다움을 더하기 위해
풍경으로 남아 있는 것이 아니다

깜깜한 어둠 속에서도 앞다투어 빛나는 학교와 도서관과 공부
방 또한 마찬가지

- 박성우의 시「몸부림」

우리 학교 역시 교실과 정독실, 기숙사 독서실에는 밤늦도록 불이

켜져 있다. 학부모와 지역 사람들은 공부 많이 시키는 학교, 공부 많이 하는 학생들이라고 기특해한다. 그러나 대다수의 아이들은 이 시에서 말하는 것처럼 '지독한 몸부림'을 치고 있을 뿐, 자기 삶에 환한 불을 밝히지 못하고 있다.

문학교사인 내가 이런 10대들의 언어와 생각, 느낌, 공상을 이해하지 못하면 그들을 진정으로 만나지 못할 것이라는 생각이 든다. 기성세대의 언어와 사고만을 주입하는 문학수업이 아니라 그들의 생각과 언어를 이해해주는 문학수업을 만들고 싶다.

3. 좋아해요, 선생님

4

문학 이야기를 하다

고흥작가회와 함께

"참다운 시는 모두 자기 목소리를 낸다."라고 박제가가 말했다.
마찬가지로 지역에서는 다양한 자기 목소리의 문학활동이 이루어
져야 한다. 우리가 살고 있는 고흥 땅은 변방이 아니라고 선언하며,
이곳을 터전으로 삼아 창작하고 활동하는 사람들이 살아 있다.

목마를 땐
쓴 솔잎도 씹으며 걸어왔다.
이제 천지는 물빛
없는 길 위에서 네가 뿌린 눈물도,
아침 나팔꽃의 깨우침도
부질없었다, 지친 어깨들

다만 낮잠의 짧은 꿈으로
배추밭에 흐득이는 빗소리, 튀는 빗방울
아, 얼마나 싱싱한 아픔이더냐
아득한 들판 너머엔
비안개 속으로 떠가는 눈동자 하나,
슬픈 전생의 기억 하나.
그러나 거친 땅 위엔, 지금도
갓 태어난 아이의 당당한 손금이 있어
이 마을에도 분명한 새가 우느니
꽃 지는 마을의 작은 도랑가에 앉아
너는, 돌돌 흐르는 그 소식 들어라.

-박호민의 시 「작은 마을에서」

이 시는 고흥작가회 사무국장인 박호민 시인의 작품이다. 고흥작가회 작품집 제6집 『병 속의 새는』에 실린 시이기도 하다. 팔영산 숲지기를 하며, '작은 마을에서' 강아지랑 더불어 사는 시인이 고흥의 문학을 지키고 있다. 그는,

"물소리를 듣다가 먼 산을 본다. 또 한 세월이 오는 듯 가는구나. 어디까지 왔나. 이정표도 없는 이 길. 잠시 툇마루에 앉아 햇살 쪼이며 텃밭에 뒹구는 깻단을 본다. 너도 그렇게 푸석이며 견디고 있었구나. 꼭 내 하룻길 같다. 언고행(言顧行) 행고언(行顧言)이 쉽지는 않겠

183

지. 다만, 끝내 나를 속이지 않고 갈 수만 있다면.”

이라고 하며 이 겨울을 보내고 있다고 페이스북을 통해 소식을 전했
다. 사람들은 팔영산 아래 우두커니 자리 잡은 그의 집에 가서 두부와
막걸리를 먹으며 종종 소리 높여 문학에 대한 열변을 토한다. 오랜 서
울 생활을 청산하고 고향으로 온 지 10년이 채 못 되지만, ‘고흥작가
회’ 이름으로 문학을 하는 사람들을 모이게 했다. 나이 오십 줄이 넘
어서까지 ‘사무국장’을 하며 실무를 챙겨야 하는 답답한 현실 속에서
도 늘 사유하고 시를 쓰며 살아야 한다고 독려해주고 있다.

또, 고흥작가회 남선현 시인은 고흥문학에 대한 자부심과 애정을
가지라고 늘 다독이며 지금은 고흥 어느 햇볕 좋고 마당 넓은 공간
에 ‘문학의 집’을 만들 구상 중이다. 우리 학교에도 오셔서 문학 동아
리 아이들에게 지역 언어와 문학작품의 창작과 감상에 대한 이야기
를 들려주셨다.

사아각 사아악 밟힌 낙엽소리
우렁우렁 마음에 뒹굴고
산바람 윙 윙 울 때면
여민 옷깃사이로
계절의 황량함 전신에 퍼져
헤쳐 온 날들 사이로 흩어지고 있다
아랫녘 저곳 함께 살자고
외치는 철새들 아우성

서울 여자, 시골 선생님 되다

군무에 묻혀 헐떡이며
곡예하는 무리 속 고통
마치 인간의 심장
향해 질주하며 지르는
발악 같다

밤엔 전깃불로 별을 삼키고
낮엔 자연이 제 것인 양
퍼부어대는
바닥에 떨어진 양심
균형 잃은 햇살만
안개 피워 올려놓고
스산한 기운
을씨년스럽게 만들고
재 넘어 산허리로 뻗고 있다.

-남선현의 시 「산마루에서」

    고흥지역 민주단체협의회 임규상 의장님은 글 쓴다고 하는 사람들 중에 핵발전소 유치하는 것에 대해 찬성하는 사람이 있는 줄 아는데, 적어도 시를 쓰는 사람이라면 개발과 과잉으로 자연과 환경이 어떻게 죽어가는지에 대한 성찰해야 한다고 지적해주신다. 그리고 고흥에서 살아가는 사람들에 대한 시와 수필을 걸쭉하게 쓰신다.

먼 옛날
얼레에서 풀어지기 시작한 연줄 하나
자꾸 풀어져 되감을 수 없는 연줄이여
멀어진 잠처럼
아득한 유년의 뜰
나의 연은 어디쯤 날고 있을까
얼레에 남은 생의 끈이 다하는 날
훨훨 노을빛 고운 황혼을 날아
흩어진 잠 속으로 날아가리라

-임규상의 시「밤 가운데 잠이 깨다」

　문학을 통해 좋은 사람을 만나고 싶어 지역 문학회에 발을 담그고 있다. 소수의 우리들은 한 달에 한 번씩 모여 문학을 이야기하고, 봄에는 고흥만 유채꽃 속에서 시화전을 열고, 가을에는 시집 발간 기념 시낭송 행사를 한다.
　올 가을에는 『병 속의 새는』이라는 시집을 내고 청소년과 함께하는 시낭송 행사를 열었다. 고흥고등학교 문학 동아리 아이들도 직접 시를 창작해서 영상과 함께 시낭송에 참여했다. 혜영이와 체리가 좋은 시를 써서 낭송했다. 문학 동아리 남자아이 중 한 명인 제현이는 시낭

지역의 문학단체인 고흥작가회 시인들과 고흥의 고등학생이 한 달에 한 번 만나 우리나라 현대문학
사에 남을 시집 한 권씩을 읽고 토론을 한다. 시를 읽는 즐거움에 깊이 있는 문학적 체험이 가능하다.

송과 기타 연주를 하고, '청소년 문화의 집'에서 바이올린을 가르치는
선생님은 아이들과 함께 바이올린 공연을 해주었다.

올 한 해 고흥작가회에서 한 일 중 가장 의미 있는 일은 한 달에 한
번씩 시집을 선정해 고흥작가회 시인들과 청소년들이 만나 시집 토
론회를 한 것이다. 시를 한 편 읽는 것보다 시인의 시집 한 권을 전

4. 문학 이야기를 하다

부 읽으면 더욱 커다란 시의 즐거움을 느낄 수 있을 것이라고 말해주었다. 각자 시집을 감상한 느낌과 견해를 함께 토론하면 감상 능력이 확장될 것이다. 더군다나 시를 창작하는 시인들과 토론하는 기회를 만들면 더 깊이 있게 시의 세계를 이해할 수 있으리라는 생각으로 운영하고 있다.

그동안 백석, 윤동주, 김수영, 기형도, 박용래, 고정희 시인 등의 작품을 읽고 토론했다. 올해도 김영랑, 정지용, 박재삼, 송수권, 신경림, 곽재구 등의 시집 토론을 계획하고 있다. 고등학생 중 신청자를 받으면 고흥작가회 예산으로 시집을 사서 나누어준다. 올해는 도교육청에서 지원받은 '사제동행 독서토론 동아리 지원비'로 책을 살 수 있게 되었다. 선물로 받은 시집, 평생 소장할 수 있는 '나의 시집'이 된 것이다. 그렇게 자기의 시집이 되고 토론에 참여해야 한다는 것 때문에 아이들은 애착을 가지고 열심히 읽어 온다.

지난해 마지막으로 토론한 작품은 고정희의 시집 『지리산의 봄』이었다. 축구 좋아하고 에너지가 넘치는 남학생인 성룡이가 참가했고, 전업작가의 길은 배가 고플 것이라는 주변의 조언을 심각하게 듣고 '국어교사'가 되기 위해 공부하는 혜영이와 독서활동에 적극적으로 참여하지 않은 것을 후회하며 작가 조사 등을 빼곡히 해 온 지영이, 학교 도서부 활동을 적극적으로 하며 문학에 대한 애정이 깊은 다미와 문학 감상 능력이 뛰어나서 열의를 가진 한솔이가 참가했다.

기말고사가 끝난 12월의 어느 날, 고흥군 '청소년 문화의 집' 귀퉁이를 얻어 토론을 시작했다. 지영이는 조사해 온 쪽지를 힐끗 보며

서울 여자, 시골 선생님 되다

말을 이어갔다.

"이 시집에 실린 시 중에 「뱀사골에서 쓴 편지」가 인상적이었습니다. 지리산을 좋아했던 시인이 그 뱀사골에서 죽었습니다."

혜영이는 "「소외」, 「편지4」처럼 짧은 시가 좋습니다. 비가 쏟아지는데 외로움의 우산을 받쳐 들었다는 표현이 감각적으로 다가와 좋았습니다. 전반부에는 역사적인 시가 많은데 편지 연작시는 매우 서정적이네요."라며 자신의 감상을 줄줄이 발표했다.

다미는 "후반부 여섯번째 시편들이 애틋했어요. 「집」이라는 시의 마지막 읽다 뭉클해졌거든요. 저도 이런 꿈을 꿉니다."라고 말하며, 「집」을 낭송하면서 눈물을 흘렸다. 옆에 앉아 있던 아이들은 고요히 다미의 이야기를 듣고 휴지를 뽑아서 건네주었다.

그러자 남선현 시인이 이렇게 말해주었다.

"다미의 눈물이 오늘의 토론을 말해주네요. 고정희 시인이 살아 있으면 다미를 다독거려 주었을 겁니다. 애잔한 시집입니다. 그 앞 시기는 더 대담하고 남성적이었는데……."

혜영이는 마무리를 하였다.

"이제 내년에 우린 고3입니다. 오늘이 마지막 참가라 아쉬워요. 시를 이해하는 데 뜻 깊은 시간이 되었어요. 커서도 문학활동을 할 수 있을지 모르겠지만 큰 도움을 받았습니다."

그러자 박호민 시인은 "혜영이는 문학적 정서가 있어요."라고 격려해주었다.

4. 문학 이야기를 하다

고흥작가회가 이렇게 살아 있다고. 대도시를 중심으로 봤을 때 변방에서 살아가는 소수의 문학인들이지만, 지역에서 문학에 대한 애정으로 조그마한 씨를 뿌려나가고 있다고. 그래서 올해도 발을 빼지 못하고 고흥작가회 총무 일을 수락했다.

부지런히 인문사회학 책과 고전에 대한 공부를 하며 사유의 깊이를 더해야 하고, 작품성 있는 시를 창작해야 한다고 박호민 시인은 오늘도 한탄한다. 중앙 문단만 짝사랑하지 말고, 이곳을 사랑하는 우리들이 지역에서 독자적인 문학 흐름을 만들어야 한다고 남선현 시인은 오늘도 고흥 땅을 밟는다. 뭐 대단한 거 있냐고 문학이 삶이고 삶이 문학인데라며 중심을 잡고 계시는 임규상 의장이 오늘도 곁에 계신다. 중앙 문단에서 크게 인정을 받지 못하는 지역의 시인으로 살지만 창작과 후배들의 문학적 체험을 높이는 일에 열성적인 그들의 존재는 소중하다.

지리적 여건 때문에 문화적 결핍을 겪고 사는 것이 조금은 쓸쓸해지는 많은 날들, 고흥작가회에 이들이 있고 그들이 권하는 문학작품이 있어 이곳에 사는 우리 아이들과 나와 같이 불안정한 이들이 좀 더 평화로워질 것을 믿는다.

다시 박호민 시인의 시를 읽는다.

뉘우침도 없이 술을 마신다
어제도 오늘도
바람은 닻이 없구나

너 가거든 다신 오지 말아라
쓰린 위장을 적시는 눈발.
아침이면
또 부질없는 맹세겠지만
양지쪽의 헐은 담벽에 기대어
고드름 떨어지는 소리라도 듣고
저 초라한 햇살 한 가닥
빈 가슴에 받아보는, 꿈이다.

-박호민의 시 「양지에 기대어」

시를 가르치다가

　행정실에서 등사를 맡긴 수업 활동지를 기다리다가 중앙일보 신문이 있길래 펼쳐 보았다. 사설에는 전교조 명단 공개를 왜 부끄러워하느냐, 그렇게 부끄러우면 전교조를 탈퇴하라는 조전혁 국회의원의 말이 실려 있었다.

　중앙일보 사설보다 더 우울한 것은 바로 그 옆에 실린 정호승 시인의 특별 기고문이었다. 정호승 시인. 그 이름만으로도 따뜻한 '눈사람'의 세상을 떠올리게 하는 시인이 아닌가. 그는 천안함 희생자를 추모하며, '대한민국 국민으로서 원수를 갚겠다, 적을 응징하겠다, 증거가 없다고 해서 북한을 왜 응징하지 않느냐'며 제법 긴 글을 썼다. 정호승 시인의 투고가 정말 맞는 것인지, 문학수업에 들어가기 전 내 눈을 의심했다.

『시사인』주간지에서 사망자의 사연을 구구절절 읽으며 마음이 아팠다. 추모하였다. 그러나 그들은 진실이 은폐된 속에서 생긴 희생자이다. 원인 규명도 되지 않고, 군과 정부는 철저하게 진실을 은폐하고 책임을 전가하며 전쟁, 반북 분위기만 부추기고 있다.

다른 국어선생님은 정호승 시인이 원래 잠언시 같은 것을 많이 쓰며 생각은 매우 보수적이며 오랫동안 중앙일보 등과 관련이 깊었다고 짚어주기도 했다.

1교시 우리 반 문학수업을 다녀온 후 마음이 더 무거워졌다. 나는 교사가 일방적으로 시와 소설을 해석해주고, 주요 특징을 정리하는 식으로 문학수업을 진행하고 싶지 않다. 문학을 가르치는 교사는 학생들에게 문학작품에 대한 독해력과 상상력, 감수성을 키워주어야 하는 책무가 있다고 생각한다. 그래서 동기 유발은 짧게 끝내고, 맥락을 파악하며 시 속으로 들어가 화자가 무엇을 바라보며 어떤 감정을 느끼고 어떤 생각을 하는지 해석해보라고 한다. 그리고 모국어로서의 시어의 아름다움을 느끼고, 시가 전체적으로 공감이 되는지, 새로운 점이 있는지 생각해보라고 한다. 그리고 나서 토론수업을 하거나 비평문을 써보게 한다. 그 결과를 학인하며, 수업시간에 잘된 학생의 내용은 발표를 시키면서 하나씩 맞추어나간다.

짧은 시간 안에 빨리 문제를 풀어야 한다는 생각에 아이들은 정성껏 시를 음미하지 못한 채 작품을 제대로 읽지도 않고 작품의 특징을 알려고 한다. 선생님이 모두 쉽게 설명을 해주어야 수업을 한 것 같다고 생각하는 아이들. 문제를 많이 풀어야 안심이 되는 아이들. 모두

입시교육, 획일적 교육의 폐해라고 생각한다. 그 폐해는 초등학생까지 내려가 얼마 전 초등학교 6학년 담임선생님이 요새 아이들은 손을 문제 푸는 데만 쓰는 것 같다고 말해 놀란 적이 있다.

시를 읽고 감상문이나 비평문을 쓰거나 창작하는 데에 손을 쓰지 않고 있는 것도 문학 교육의 현실이다. 문학작품을 읽는 쾌감과 사유를 얻는 시간은 스스로 고민한 후 그 작품에 보다 더 가까이 갔을 때나 삶에 비추어 보아 공감이 갔을 때이다. 학생들도 그렇게 문학작품을 읽고 해석하고 깨닫고 자신들의 삶에 놓아보는 즐거움을 맛보게 하고 싶다.

기억을 더듬어보면 우리도 교과서에 나오는 시를 좋아하게 되는 경험은 전무하다. 교과서는 공적인 기능을 가지고 국민들의 의식을 통제하길 원했고 오랜 세월 국가가 독점해오면서 현대시도 많은 제한을 받아왔다. 지금은 검정 교과서 시대가 되어 감상할 작품이 많이 다양해지기는 했어도 교과서에 활자로 찍혀 나와 분석해가며 공부해야 하는 시를 좋아하는 경우는 드물다.

교과서를 넘나드는 현대시를 감상하고, 서로 모둠을 지어 토론도 하고, 시인과 직접 만나게 해줌으로써 시에 대한 이해를 넓히도록 해주어야 한다고 생각한다.

서정주의 시 「추천사」를 감상하는 시간에 질문이 담긴 활동지를 나누어주었다. 춘향전의 어느 대목에 이 시가 삽입되면 좋은지 생각하고, 그네를 타는 춘향이의 마음을 헤아려 보라고 했다. 무엇으로부터 벗어나고 싶은지를 따져보고, 상상해보라고 질문을 던졌다.

시는 읽는 사람에 따라 여러 해석이 가능하다. 참고서에서 제공하는 단 하나의 해설은 얼마나 반문학적인가. 최시한 교수는 문학작품의 주제를 단 한 문장으로 간추려 설명하는 행위도 하지 말라고 하였다.

현실과 이상 사이에서의 갈등, 현실의 한계에서 벗어나고 싶은 욕망 등 참고서의 설명을 나 역시 오랫동안 가르쳐왔다. 그러나 아이들과의 토론에서 이 시에 대해서는 '그리움의 고통' 등 다양한 이야기가 나온다. 사랑하는 사람과 멀리 있고, 그 추억만이 떠올라 더 괴로운 마음, 보고 싶고 그리워서 안절부절못하는 마음. 춘향이는 지금 그런 마음이라는 것이 꽤나 설득력이 있다.

간혹 학생들 중에는 나와 읽고 쓰고 발표하고 활동을 하고 나서 문제집을 풀면 해결이 안 되는 게 있다고 한다. 수업 후에 남는 게 없다고 말하는 학생도 있다. 벌써 시간이 꽤 지났는데, 나의 의도대로 안 되는가 싶어 오늘 아침 우울하다. 내 방법이 충분하지 않은 것인지 입시 준비에 대한 학생들의 불안감 때문인지 늘 학생들에게 혼란을 주고 있다. 내가 인문계 고등학교 현실을 자꾸만 밀어내는 것만 같다.

아이들에게 좀 더 안내를 잘해야겠다는 생각을 해본다. 작품 감상에 들어가기 전에 문학 용어와 개념에 대해 충분히 설명을 해주어야겠다고 생각해본다. 추후 정리도 꼼꼼히 해주어야겠다고 생각해본다.

그렇게 계획을 세우는데도 마음이 가라앉지 않는 아침이다. 모처럼 밖에는 비도 오지 않고 화창한데 마음은 어둡고 우울해진다. 봄바람이 분다.

3교시에 3반에 가서 오늘 아침 중앙일보에 실린 시인의 칼럼과 1

반에서 학생들이 문제 제기한 내용에 대해 이야기를 했다. 이 아이들이 힘내라고 한다.

그전의 국어수업이나 다른 수업이나 인터넷 강의에서는 선생님처럼 안 하기 때문이라고 한다. 나는 앞뒤의 설명과 안내를 좀 더 충분히 하고, 「추천사」를 해석하고 감상해보라고 했다.

힘내야지. 부족한 건 채우고, 믿는 건 접지 말고.

애들아, 오늘 배울 시. 시낭송부터 하자.

서울 여자, 시골 선생님 되다

소설을 가르치다가

    고3 아이들의 자기소개서도 다 못 봐주고, 새로 오신 교감선생님이 내라는 학급 현황표도 미루고, 3교시가 끝나자마자 나주에 있는 전남과학고등학교를 향해 시동을 걸었다. 마침 가을비가 차창을 스쳐 내린다. 그 학교의 임명희 선생님의 이야기식 토론수업을 참관하기 위해서이다.

    선생님은 학교에서 도서계 업무를 하면서 도서관에 토론 교실을 꾸며놓고 있었다. 꾸준히 손길이 닿은 듯한 스무 명의 아이들과 함께 이효석의 소설「메밀꽃 필 무렵」에 대해 토론하는 수업이었다. 선생님이 수업 중간에 개입하지 않고 학생들의 발표 내용을 노트북에 입력하는 일에만 몰두하고 토론이 다 끝난 후에 코멘트를 해주는 방식이었다. 50분간 토론에서 나온 이야기를 스크린에 띄워 보여준 후

잘된 내용에 미리 쳐둔 밑줄로 확인을 해주었다. 학생들에게 칭찬을 해주었고, 끝종이 친 뒤에도 학생들 몇몇과 귓속말로 이야기하는 수업 풍경이었다.

부드럽고 야무진 선생님의 수업은 오랜만에 느껴보는 감동적인 장면이었다. 세심한 토론 도구들과 규칙들, 아이들과 소통하는 손짓, 눈길, 말들이 그랬다. 몇 년 전 선생님이 전남국어교사모임의 연수부장을 하며 기획한 논술 수업 연수가 있다고 해서 순천제일고등학교 도서실에서 처음 본 모습 그대로였다. 도서실에는 '내가 좋아하는 작가'라는 부교재와 학생들이 그동안 수업시간에 해온 활동지, 그리고, 그 결과를 모아 매주 발간한 문학신문이 전시되어 있었다. 똑같은 일을 하고 사는데 어쩌면 저렇게 곱고 정성스럽게 문학수업을 이끄는지 놀라웠다.

공개 수업에 대한 협의회는 늘 그렇듯이 간단한 덕담이 오고 가며 금방 끝났다. 참석자도 매우 적어서 외부 학교 참관인 교사는 나를 포함해서 두 사람뿐이었고, 도교육청의 장학사가 다였다. 수업을 교체하는 일이 힘들고, 업무도 산더미인 것이 고등학교의 현실이라 이렇게 좋은 수업 공개에 국어교사들이 덜 참가하는 것이 아닐까 하는 생각이 들었고, 장학사에게도 그대로 이야기를 했다. 그분은 내가 처음으로 발령받은 고등학교의 첫 동료 국어과 선생님이기도 했으니까. 인사를 나누고, 고흥으로 갈까, 이왕 먼 길 나온 김에 나주에 사는 옛 친구를 만나고 갈까 망설이다가 다시 되돌아 도서실에 들어가 선생님과 차를 마시며 문학수업 이야기를 더 했다.

7년 동안 주로 고2 문학 과목을 가르쳤는데, 뭔가 쌓여서 발전하는 성취감이 없고 올해 부쩍 힘이 들었다. 문학 장르마다 흐름과 개념을 일러주고, 구조화하는 방법을 일러주고, 교과서를 벗어나 문학 전문을 읽히고, 스스로 생각해 써보고, 모둠별로 토론해보는 것 등을 해왔다. 그런데 이런 활동 중심의 문학수업에 대해 입시를 앞둔 상위권 아이들의 반발에 늘 부딪히고, 수업시간에 아이들을 완전히 장악하는 힘이 약해서 떠들고 수업에 참여를 안 하는 아이들과도 곧잘 갈등에 부딪힌다.

특히 올해 2학년부장과 방과후학교 업무를 보면서 정작 가장 중요한 문학수업 준비에 소홀했다.

급기야 문학수업이 재미없다는 말이 돌았고, 특히나 이과 반에 들어가서 문학수업을 하는 일은 고역이 되었다. 그야말로 국어교사로서의 정체성에 위기가 왔다고나 할까.

교육방송 다큐멘터리 「선생님이 달라졌어요」에서 교사들이 자신의 수업을 공개하고, 조벽 교수의 도움을 받아 변화시키는 모습을 보며 자극받고, 전국국어교사모임 회지인 『함께여는 국어교육』 몇 년치를 모두 펼쳐놓고 다시 읽기도 했다.

고흥지역 '새로운학교 연구모임'에 속해 교육에 대한 토론에 참여하기도 했다. 고흥 교육의 대안을 모색하는 그 자리에서 많은 것을 배우고 있다. 그러나 그곳은 너무 전체 교육 담론 위주이고, 학교 전체 개혁과 무지개 학교 준비에 초점이 맞추어져 있어서 내 수업에 대한 문제를 해결할 수는 없었다.

4. 문학 이야기를 하다

물론 과학고의 스무 명 학생들과 한 토론수업을 내가 그대로 재현할 수는 없다. 한 학급의 수가 스무 명이고, 과학고라는 특별히 선발된 학생 집단이라는 특징이 있어 모든 교실에서 똑같은 결과의 수업을 이끌어내는 것은 어렵다. 수업 상황과 대상이 모두 다르기 때문이다. 그래도 대화식 소설토론수업은 교사가 지치지 않고도 학생들이 참여하는 수업 방식이 되리라는 확신이 들었다.

임명희 선생님은 저녁 모임이 있다며 광주로 함께 가자고 했다. 내친 김에 광주에 가서 독서토론수업 선도교사 모임에 참여했다. 맛있는 샐러드와 스파게티를 먹으며, 장성황용중학교의 박인화 선생님, 장흥고의 문윤주 선생님, 봉황중학교의 조미옥 선생님을 뵈었다. 서로의 토론수업에 대해 조언을 나누는 모습이 따뜻했다. 처음으로 인사하는 내게도 마찬가지였다.

학기 초 이 모임을 신청하지 않은 게 아쉬울 정도였다. 내 수업을 다른 사람들에게 공개하기 위해 준비해야 하는 일이 어색하고 귀찮아서 머뭇거렸고, 대체로 이런 선도교사 모임은 승진을 준비하는 교사들의 활동인 줄 알고 눈여겨보지 않았었다.

소신을 가지고 꾸준히 토론과 글쓰기 수업으로 이어 가지 못하고 정체되어 있고, 끝도 없는 업무에 에너지를 빼앗기고 나면 수업 속에서 나도 지쳐갔다. 오늘 운전하며 오다가 라디오 방송 '2시의 데이트'에서 나오는 "하기 싫은 일까지 할 때가 전성기인 거다."라는 말을 들었지만, 내가 하는 일 중에서 가장 중요한 일, 가장 하고 싶은 일에 전념해야 할 것이다.

서울 여자, 시골 선생님 되다

국어교사 7년째, 교사로서 나의 정체성은 문학수업 속에 있는 것임을. 그것이 가장 기본이다. 다시 문학수업 속으로, 평일 나주까지 달려간 것이 최근 내가 한 일 중 가장 잘한 일인 듯했다. 아름다운 국어선생님과의 만남. 그리고, 박인화 선생님의 끝인사.

"햇볕 보고 많이 걸으세요."

두 눈이 시큰거렸다.

학교로 와서, 다시 소설수업을 점검했다. 단편소설 여섯 작품을 선별하고, 학급 모둠을 6개로 나누어 이야기토론수업을 진행했다. 우선 성석제의 「황만근은 이렇게 말했다」를 가지고 했다. 내용 확인은 모둠별로, 전체 내용 토론은 학급 전체를 대상으로 바꾸어서 해보았다.

한 시간 동안 조용히 소설을 읽게 했고, 다음 시간에 모둠별로 내용을 확인하는 활동지를 나누어주고 해결하라고 했다. 모두 협의를 해서 써야 하고 한 명이라도 문제 해결을 하지 않으면 도장을 찍어주지 않는다고 하자, 놀랍게도 한 사람도 자거나 딴짓을 하지 않고 토의에 참가하였다. 문학 도장을 찍어주고, 화면을 통해 모범답안을 확인하도록 했다.

그리고 소설 속에서 토론할 주제를 두 개씩 내도록 했다. 모둠별로 돌아가며 의장이 나와서 토론 사회를 보았고, 전체 토론식으로 발표를 하도록 했다. 전체 토론으로 이끄니 우리 반의 경우 평소 흥미를 갖지 못하던 아이들도 모두 발언을 했다. 2학년이 네 학급이니 발표한 결과를 모두 편집해서 마지막 시간에 나누어주고 작품의 총정리를 하는 것으로 끝냈다.

황만근. 그는 너무 정직하고 우직해서 사람들로부터 무시당하고, 그날의 농민대회 방침대로 혼자서 경운기를 끌고 갔다가 돌아오는 국도변에서 쓸쓸히 죽어갔다. 소설 토론을 하면서 농사짓고 사는 '우리 아버지' 생각이 나서 울컥했다는 아이도 있었다.

소설을 빨리 읽고, 적당히 문제나 풀 것인지, 소설을 세심하게 읽고 토론하고 글을 써볼 것인지. 문학수업이 수능의 노예가 되어버린 입시체제에 타협하지 말고, 소신껏 문학수업을 해보고 싶다. 그것이 국어 사용 능력과 독해 능력을 키우는 데 본질적으로 닿아 있음을 아이들도 알았으면 좋겠다.

아이들과 소설 속에서 만난 인물들이 살아 숨 쉬는 것 같다. 소설수업을 즐겁고 알차게 꾸려 아이들이 넓고 깊게 성장할 수 있기를. 그리하여 우리들의 영혼이 좀 더 따뜻해질 수 있기를.

다음에 만날 소설은 박상우의 소설 「내 마음의 옥탑방」이다. 부조리한 현실을 있는 그대로의 숙명으로 받아들이고 살 수 있을 것인가라는 실존적 질문을 하는 소설이다. 입시체제라는 부조리하고도 거대한 바위를 처절하게 굴려 올리는 우리 아이들이 소설 속 두 청춘 민수와 주희를 만나 소설의 즐거움을 맛보았으면 한다. 내가 그 길로 잘 안내할 줄 아는 문학교사였으면 좋겠다. 우리들의 문학수업이 옥탑방의 불빛 같은 곳이 되기를 바란다.

벌교와 고흥으로 문학기행

고흥이라는 곳을 생각해보면 이 시가 제일 먼저 생각난다.

가도 가도 붉은 황톳길
숨 막히는 더위뿐이더라.

한하운의 시 「전라도길」의 첫 구절이다.

며칠 전 고흥으로 경기국어교사모임에서 문학기행을 오고 싶다는 연락을 받았다. 경기도 안산의 김태철 선생님이 주축으로 있는 경기국어교사모임인 '열정' 활동에 같은 국어교사로서 자극을 받아왔다. 교사들이 꾸준히 모여 작품을 읽고 토론한 후 가을에는 작가를 초대해 사람들을 문학 속으로 불러들이고 있기 때문이었다. 우리나라에

4. 문학 이야기를 하다

서 내로라하는 작가들은 모두 그의 '열정' 문학 강좌에 초대되었다. 선생님은 작가 섭외의 달인이라 할 만하다.

열정 모임의 경기 선생님들 일곱 명이 겨울방학 막바지에 벌교에 도착했다. 조정래의 '태백산맥 문학관'을 함께 둘러보며 대작가의 집필과정을 느꼈다.

"문학은 인간의 인간다운 삶을 위하여 인간에게 기여해야 한다."

이 문장이 큰 울림을 준다. 나는 이 문학관에서 위의 문장이 새겨진 태백산맥 머그잔을 몽땅 사서 학급 아이들 생일 때 한 개씩 나누어 주고 있다. 네임펜으로 생일 축하 메시지를 써서 선물로 주면 아이들은 오랫동안 고마워하며 간직한다.

점심은 문학관 안에 있는 꼬막정식 식당에서 먹었다. 꼬막을 삶고, 회로 무치고, 전을 부치고, 된장국에 넣는 등 꼬막만으로 진수성찬이다. 벌교는 이제 꼬막 식당 말고는 다른 음식점을 찾기 어려워졌다.

승려였던 시조시인 조정래의 아버지 조종현이 고흥 사람이라고 한다. 일제가 황국화 정책의 일환으로 대처승 제도를 만드는 바람에 아버지는 선암사에서 결혼식을 올린 최초의 승려가 되었단다.

"나는 그래서 그렇게 태어날 수 있었고, 일본의 은혜에 감사하듯 『아리랑』을 썼다. 인생살이는 이렇게 얄궂고, 미묘하다."
라고 작가가 회고했었다고, 동행한 광남일보의 최경필 기자가 들려주었다.

현 부잣집에 들어서서 앞을 바라보니 벌교의 너른 들판이 한눈에 들어온다. 벌판이 한눈에 들어와 소작인 감시를 하기 좋은 곳, 그곳에 예부터 대지주가 살았다고 했던가.

멀리 고흥의 첨산이 보인다. 소설에는 '문필봉'이라고 불렸다고 전한다. 바로 그 아래 박노해 시인의 고향인 동강면 노동리가 있고, 좀 더 가서는 송수권 시인의 고향인 두원면 학림이 있다.

문학관을 나와 소설의 시작인 중도방죽으로 걸었다. 일본인 중도 나카시마의 이름을 따 붙여진 간척지 방죽이다. 갯벌에 방죽을 쌓는 부역이 너무 힘들었다는 이야기가 담겨 있는 곳이다. 철도 다리가 바로 옆에 있는데 이곳은 벌교 주먹을 다투던 염상구를 떠올릴 수 있는 곳이다. 철교 아래에서 칼부림을 하다가 일본 선원을 찔러 죽이고 도망치던 이야기가 소설에 담겨 있다. 해방이 되자 이런 경력을 들어 독립투사였다고 허세를 부리기도 했다는 염상구. 그 아래로 갈대숲이 겨울 풍경을 보여주고 있다.

우리는 소화다리로 발걸음을 옮겼다. 최경필 기자는 조정래 작가와 함께 태백산맥 문학기행을 하는 등 다년간의 취재 경험을 통해 쌓은 풍부한 이야기를 들려주었다. 여순사건에 연루되었거나 억울하게 끌려온 사람들이 이곳에서 집단 학살을 당했다고 한다. 소화다리에서 총에 맞으면 그대로 다리 아래로 떨어져 바다로 흘러 내려갔다고 한다. 박호민 시인의 어머니도 처형을 당할 뻔했으나 외가의 힘으로 가까스로 살아났다고 한다.

주릿재를 지나 율어에 다다랐다. 사방이 온통 산으로 둘러싸여 해방구가 되었던 곳이다. 염상진과 소작농들이 꿈꾸던 세상이 저기 율어에 있었을까 생각해본다.

그리고, 부용산 노래비가 있는 곳으로 올라갔다. 벌교가 한눈에 내려다보였다. 「부용산」은 박기동(1917~)이라는 교사가 누이를 이 산에 묻으며 그 죽음을 슬퍼하며 지은 것으로 알려져 있다. 함께 근무한 안성현이라는 음악교사가 곡을 붙였는데, 그가 월북했다는 이유로 금지곡이 되었고, 일명 「빨치산의 노래」로 불렸기에 금기시되었다고 한다. 7~80년대에는 민중가요로 널리 불렀다고 하면서, 박호민 시인이 애절한 노래를 불러주었다.

부용산 오리길에
잔디만 푸르러 푸르러
솔밭 사이 사이로
회오리 바람 타고
간다는 말 한 마디 없이
너는 가고 말았구나
병든 장미는 시들어지고
부용산 봉우리에
하늘만 푸르러 푸르러

–박기동 작사, 안성현 작곡 「부용산」

태백산맥 답사를 끝내고, 순천 시내에 살고 있는 송수권 시인 댁으로 갔다. 경기 선생님들은 송수권 시인의 시집을 읽고, 토론을 했

서울 여자, 시골 선생님 되다

다고 한다. 그래서인지 시 속에서 궁금한 내용에 대한 질문을 많이 하였다. 작년 수능시험에도 나온 「지리산 뻐꾹새」는 구례중학교 교사 시절 지리산 노고단을 오르면서 본 뻐꾹새를 보고 쓴 시라고 했다. '지리산'이라는 역사적 상징성 때문에 애초 창작 동기와는 달리 역사적 의미로 확대 해석된 경우라고 했다. 시구 중에 "석 석 삼년"은 9년을 말하는데, 숫자가 중요한 것은 아니고, 오랜 세월을 뜻하는 것이라고 일러주셨다. 어떤 문학 참고서에는 밑줄을 그어 친절하게 27년이라고 해설하기도 했다고 해서 모두들 헛웃음을 보였다.

요즘은 '지리산'을 소재로 서사시를 쓸 계획으로 빨치산의 행적을 추적하고 있다고 한다. 본인은 평생 서사와 서정을 넘나드는 시를 써 왔다고 하시면서 고향인 고흥을 잘 드러내는 시는 「시골길 또는 술통」이라고 설명하고, 동생의 자살을 슬퍼하며 쓴 「산문에 기대어」 시가 쓰레기통까지 갔다가 1975년, 서른다섯 살 때 세상에 나온 이야기도 들려주셨다.

『사랑의 몸시학』이라는 책을 한 권씩 나누어주며 사인도 해주셨다. 이제 노년의 시인이 온 힘을 다해 서사시를 찾아 써 내려가고 있음을 보았다. 시 창작의 정신을 몸으로 보여주고 있는 모습에서 아름다움이 느껴졌다. 송수권 시인은 가을에 경기도에서 열릴 '열정' 강연에 가겠다는 약속도 해주셨다.

작가를 한 명 초대해서 많은 청중이 강의실에서 이야기를 듣는 것도 좋지만 이렇게 직접 그의 공간을 찾아가 대화하는 것이야말로 정말 좋은 문학적 체험과 추억이 될 수 있겠다 싶었다.

4. 문학 이야기를 하다

경기국어교사모임의 고흥문학기행. 고흥의 도화헌미술관에 도착하자 박성환 관장님과 김혜경 선생님이 따뜻하게 맞이해주셨다.

고흥으로 돌아오자 이미 늦은 저녁이 되었다. 맥주와 오징어와 땅콩, 과일을 사서 도화헌미술관에 도착해 짐을 풀었다. 박성환 관장님과 김혜경 선생님이 푸근하게 맞아주었다. 뒤풀이로 술을 한잔씩 돌리며, 경기 선생님들은 2009년 고흥작가회에서 발간한 『세월 그 후』 시집 속에서 남선현, 박호민, 최경필, 그리고 나의 시를 한 편씩 골라

서울 여자, 시골 선생님 되다

돌아가면서 낭송해주었다. 특히 김태철 선생님은 박호민 시인의「강아지풀」에 곡조를 넣어 노래로 불러주었다. 그리고 그 시 속에 담긴 시인의 삶과 철학의 의미를 해석해 보였다. 특히 시 속에 '들개'로 형상화된 화자의 이미지에 대해 이야기했다.

덤불 사이에 두고 왔지
내 사랑
타는 가슴은 누렇게 빛이 바래서
이젠 앞도 뒤도 바라볼 수가 없군
그러니까 영락없는 패배
너를 보면 멀리서 아련할 뿐
여전히 나는 들개였어라
풀더미 속에서 곱게 저물어간 모습
다시 나를 울리고
어둔 하늘에 눈발 날리니
이제 가야겠다
이 땅에 또 다른 봄이 와 너를 만나도
내 길은 여전히 눈물 속
숨죽이며 건너는 징검다리쯤
내 사랑 다시금 피어나는 날
나는 오직 사람이고 싶었다.

—박호민의 시「강아지풀」

4. 문학 이야기를 하다

박호민 시인은 "나의 시를 제대로 이해하는 벗을 만났다."며 행복해했다. 김태철 선생님은 대학 때부터 문예 활동을 한 분이라서 그런지 정중하고도 예리했다. '평생 창작의 벗'이 되고 싶다고 고백까지 했다. 선생님은 나의 시가 '중앙 무대'로 가려면 더 곰삭을 수 있도록 고흥작가회 선배 시인들이 잘 이끌어줘야 한다는 고마운 말도 해주었다.

이튿날, 포두면 마복산 아래 귀농하여 흙집을 직접 짓고 사는 김동관 아저씨 댁으로 향했다. 직접 키우고 딴 기품 있는 맑은 연차를 마시며 옛이야기를 들었다. 80년대 택시 운전을 하면서 노동자 시인 박노해를 만나고, 그와 사노맹 활동을 했던 이야기를 들려주었다. 고흥생태모임을 잠깐 같이한 적도 있던 이분을 안 지 5년이 넘었지만 나 역시 이런 숨은 이야기는 처음 들어 깜짝 놀랐다. 주방에서 홍합을 삶으며, 이곳으로 귀농할 준비를 한다는 여성분은 노동소설 『마침내 전선에 서다』를 쓴 김미영 씨라고 소개해주셔서 다시 한 번 놀랐다.

1986년 박노해는 『노동의 새벽』을 한 권 건네주면서 그냥 한번 읽어보라고 했단다. 누가 쓴 것인지는 자기도 모른다고 잡아뗐다고 한다. 그러나 속으로는 '기평이'가 쓴 것이 틀림없다고 생각했단다. 그는 박노해가 전해준 시집을 처음 읽고 '바로 우리들의 이야기다'라고 생각했다고 한다. 그 시집을 본 많은 지식인들이 충격에 휩싸였다는 반응과 대조적이었다고 회상했다. 특히 「시다의 꿈」이라는 시는 지금도 눈물 나서 읽기 힘들다고 한다.

고등학교 교실 급훈에 당당히 '대학 가서 미팅할래, 공장 가서 미싱탈래'라는 문장을 내건 어느 교사의 머릿속은 무엇으로 채워져 있

서울 여자, 시골 선생님 되다

을까. 박노해와 그를 비롯한 수많은 시다 노동자에게 '미싱을 타는 것'은 꿈이기도 했었는데…….

우리는 영남면 능정리 사도 포구로 향했다. 박호민 시인은 이곳이 호수 같은 바다라서 정말 좋다며 안내해주었다. 고흥에 구경 온 사람들은 이곳을 모르고 지나친다고 한다. 그리고 육천 원짜리 해물짬뽕을 시켜 점심을 먹었다. 키조개와 낙지, 새우와 바지락 등 해물이 넘쳤다. 지역민인 우리가 아니었으면 이런 숨은 풍경, 숨은 맛집을 어떻게 알았겠냐며 감탄하였다.

소설『당신들의 천국』의 배경이 된 오마도 간척지에 들러서 소록도에 도착했다. 주차장에 차를 세우고, 수탄장으로 걸어 들어갔다. 이곳은 환자인 부모와 미감아 수용소에서 격리된 자녀들이 한 달에 한번 멀찍이서 만나 면회했던 편백나무 길이다. 전염을 이유로 부모는 바람을 등지고 멀리서 눈물 흐르는 두 눈으로만 보게 했던 곳이라고 사진 한 장이 전해주고 있다.

여섯 살에 소록도로 들어와 이제 일흔 줄에 들어섰다는 환자 한 분이 우리를 안내해주기 위해 기다리고 있었다. 중앙공원에 세워져 있는 한하운 시비에 얽힌 이야기도 들었다. 환자들이 강제로 동원되어 이 돌을 완도에서부터 운반해 오느라 엄청난 고통과 희생이 따랐다고 한다. 시「보리피리」를 직접 낭송하며, 한 구절 한 구절 해설도 곁들여주었다. 특히 "인환의 거리"라는 구절은 '문둥이'를 보면 사람들이 편견을 가지고 '쑥덕거리는' 것을 말하는 것이라고 하였다.

4대 원장인 일본의 수호원장이 자신의 동상을 세우고 참배를 강요하며 환자들을 학대하여 당시 환자였던 이춘성이 살해했다는 이야기도 해주었다. 공원 곳곳에 있는 나무에 얽힌 이야기와 '일본 황제 만세'라고 적혔던 비석자리도 보여주었다.

전시실에는 이청준의 서명이 들어 있는 소설『당신들의 천국』과 한하운 시집 등이 있었다. 소록도를 배경으로 인간의 서러운 삶과 역사에 대한 성찰을 느낄 수 있었다. 무엇보다 강제로 만들어진 감금실과 시술실 벽에 걸린 환자들의 시가 마음 아프게 다가왔다. 4대 원장 시절 그의 명령을 거부한 벌로 감금실에 갇혔다 풀려나면서 강제로 단종 수술을 받았다는 나병 환자 이동의 시가 눈에 띈다. 박호민 시인은 그의 시를 보면 지식인이었음을 알 수 있다고 덧붙였다.

벌교와 고흥 문학기행을 1박 2일로 집약해서 다닌 경기 선생님들의 일정을 마감하며 녹동항으로 갔다. 최경필 기자가 어판장에서 푸짐하게 떠 온 회를 이층 식당에서 맛있게 먹으며, 지는 해를 벗 삼아 작별 인사를 했다.

"최고의 여행은 사람 여행이다. 그것을 느끼게 해준 행복한 문학기행이었다. 고흥에 와서 시를 찾으라는 남선현 시인의 말을 충분히 알겠다. 고흥작가회에서 이런 역할을 했으면 좋겠다."

전국의 국어교사모임이나 지역의 문학단체를 서로 연결하면 찾아가는 문학기행을 내실 있게 진행할 수 있지 않을까 하는 생각이 들었다.

고흥에서 살기 시작한 지 10년이 넘었다. 벌교와 고흥 문학기행을 통해 의미 있는 새로운 사실을 많이 알게 되었다. 과연 소모임 이름

그대로 '열정'적인 경기 선생님들, 바쁜 일정에도 1박 2일을 기꺼이 내준 고흥의 선배들이 새삼 고마웠다. 나를 믿고 경기국어교사모임 선생님들을 내 집에 온 손님처럼 시간과 정성을 내서 맞아준 분들. 오랜 세월 인연을 맺고 살면서 눈에 보이지 않지만 형성된 그 무엇인 가가 있는 모양이다.

전성태 작가와 함께 고흥의 문학 이야기를 하다

　고흥고에 와서 문학 교육을 하면서 느낀 것 중 하나는 주관적이긴 하지만 도덕중학교 출신 아이들의 문학적 감수성이 남다르다는 점이었다. 작년에 문예창작과를 간 대욱이를 비롯해서 문학 동아리들 중 상당수가 도덕중학교 출신이었다. 그곳에서 몇 년간 정성껏 독서교육을 시켜온 국어선생님이 있었고, 아이들의 선배 중에 '소설가 전성태'가 있다는 것을 알게 되었다. 그는 이문구, 이청준의 뒤를 이어 깊이 곰삭은 언어와 문체, 주제를 보여주는 탄탄한 작가라고 생각하게 되었다.

　이 학교에 와서 한 학기도 빼먹지 않고 작가 초청 강연회를 준비했다. 2009년에 시작해서 이번 가을이 여섯 번째다. 송수권 시인, 김해원 소설가, 홍세화 대표, 나희덕 시인, 도종환 시인 그리고 전성태 소설가까지. 수업시간에 읽고 감상한 작품의 창작자를 만나 이야기를 들

서울 여자, 시골 선생님 되다

을 때 더없는 문학적 체험을 하게 될 것이고, 무엇보다 국어교사인 내가 그들을 만나고 싶기 때문이었다. 내가 좋아하는 교육활동을 할 때 그 내용이 고등학생인 우리 아이들에게 고스란히 전해지는 것 같다.

출판사에 문의해서 전성태 소설가에게 직접 연락을 했고, "고향에서 초대해줘서 더 없이 고맙다."라는 답을 얻었다. 우리 학교에 오셔서 학생들을 대상으로 강연을 하고, 평생교육관에서 간담회를 연 다음 뒤풀이까지 할 계획이라고 했더니 흔쾌히 승낙해주었다.

섭외가 완료되자 문학 동아리 아이들이 작가 맞이할 준비를 했다. 역할을 나누어 홍보를 맡고, 작가에 대한 조사를 하고, 사회자를 정하고, 시나리오로 각색하여 동영상을 만들었다. 소설 속 등장인물인 '오쟁이, 쎄비형' 등 캐릭터를 잘 살린 영상을 뚝딱뚝딱 만들어냈다.

학교 예산으로 소설 『늑대』와 산문집 『성태 망태 부리붕태』를 여러 권 사서 나누어주었다. 우리 학생들이 미리 읽었으면 하는 소설을 골라달라고 부탁했더니, 두 편을 골라 파일을 직접 보내주었다. 단편소설 「아이들도 돈이 필요하다」와 「중국산 폭죽」. 행정실에 등사를 부탁해 그 두 편을 2학년 문학시간에 전부 읽히고 이야기토론수업을 했다.

아이들은 「아이들도 돈이 필요하다」에서 오쟁이가 끝에 어떻게 되는지, 「중국산 폭죽」에서 왜 '중국산'이라고 소설 제목을 정했는지 등의 의문점은 수업시간에 해결하지 못해서 작가와의 대화 시간을 기다리고 있었다. 무엇보다 고흥에서 나서 자란 그가 어떻게 작가의 삶을 사는지 궁금해했다.

그는 우리 학교 정문을 들어서는데 무척 설렜다고 한다. 그의 첫사랑이 우리 학교를 다녔었다고 한다. 지금 우리 학교는 예전에 '고흥여자상업고등학교'였다. 그는 여자가 귀한 집에서 태어나 집에서 딸 같은 역할을 했고, 어둡고 힘들게 고등학교 시절을 보냈는데, 우리 아이들의 밝은 모습을 보니 참 좋다고 했다. 그때부터 소설을 쓰기 시작했고, 문예창작과에 들어간 이후 줄곧 창작에만 힘썼다고 했다. 고향이라고 하면 마음 깊은 곳에 그리움이라는 것 말고도 어떤 결핍이 쌓여 있는데 그것을 언젠가는 소설로 쓸 것이라고 했다.

수업시간에 함께 읽고 토론한 「아이들도 돈이 필요하다」는 1980년대 초 고흥의 한 시골 초등학생들의 일상을 담은 자전소설이다. 이 작품은 군사독재 시대를 살아낸 사람들의 애환을 고흥의 방언을 살리고, 해학미 가득한 필체로 그려냈다. 작가는 학생들과의 질의응답 시간에 소설 속의 오쟁이는 나중에 큰 부상을 당했는데 죽은 것은 아니라고 설명했다. 등장인물인 오쟁이가 다쳐야 그 학교의 '1교1운동'이었던 달리기 종목을 다른 것으로 바꿀 수 있는 거 아니냐고, 80년대 프로야구의 흥행에 비추어 그 다음 종목을 야구로 써본 것이라고 했다. 그 작품 안에는 개인의 삶에 대한 관심보다는 권력을 유지하기에 급급했던 계층에 대한 풍자가 들어 있다고 설명해주었다. 교장의 사기로 학내에 스포츠 영웅이 만들어지고 소설 속 '나'처럼 그것을 모방하는 사람들이 생겨난 것이라고 했다. 80년대 작가가 보낸 초등학교의 모습을 통해 당시 독재자들이 국민들을 우민화시키고 자신들의 권력을 위해 스포츠를 활성화시켰던 것을 알 수 있었다. 왜 고흥 사

서울 여자, 시골 선생님 되다

람들이 광주 학살을 자행하고 대통령이 된 전두환을 축하해주는 현수막을 달았느냐는 학생의 질문에, 80년 당시 고흥 도덕면에는 그와 같은 진실을 아는 사람이 많지 않았다고 설명해주었다.

「중국산 폭죽」은 몇 년 전, 몽골을 여행하면서 쓴 소설이라고 한다. 그러니까 소설 『늑대』는 총 10편 가운데 6편이 몽골에서 취재한 몽골 단편집이다. 소비에트(혹은 소련) 다음으로 사회주의를 택한 나라였지만 1992년 자본주의 시장경제를 도입하면서 발생한 계급 간 양극화 현상을 다루었다고 한다. 소설에 등장하는 거리의 부랑아들은 잘 곳이 없어 지하 맨홀 안에서 잠을 잔다. 사회주의 시절 온수 배관을 잘 해둔 덕에 맨홀 아래에 여전히 온기가 있기 때문이란다. 아이들은 자기들 스스로 규율을 정해놓고 지켜가고 있었고, 거리에서 외롭게 죽었을 경우 폭죽으로나마 위로받는 존재임을 소설은 보여주고 있다. 소설 제목으로 '폭죽' 앞에 '중국산'을 붙인 이유는, 전 세계에서 팔리는 폭죽이 대부분 중국산이기 때문이라고 답변해주었다. 아이들이 겪는 삶의 힘겨움은 전 세계적인 문제라는 의미를 전하고 싶었다고 한다. 몽골이라는 나라에 한정된 이야기가 아니라 우리나라를 비롯해 신자유주의 시대를 사는 전 세계가 겪는 모순된 모습이라는 것이다.

사인회와 기념 촬영까지 모두 마치고, 평생교육관에서 독서활동 강좌에 참여하는 분들과 대화의 시간을 가졌다. 인디언 추장이 쓴 연설문과 어느 나이 많은 보일러공이 쓴 시를 낭송하며 언어가 갖는 힘에 대해 이야기해주었다. 자신의 소설을 지탱하는 언어는 할머니와 어머니로부터 배운 것인데 그분이 지금 치매를 앓고 있다는 이야기도 들려주고, 지역의 언어가 얼마나 소중한지를 이야기해주었다.

대화의 시간을 마치고, 맥줏집으로 가서 술을 한잔했다. 참가한 분들은 태어나 처음으로 작가를 만나서 무척 설레고 즐거웠다고 좋아했다. 전성태 소설가도 앞으로 고향과의 인연을 이어가는 데 노력하겠다고 약속해주었다.

마침 고향을 찾아 내려온 그는 현대문학상 수상자로 선정되었다는 소식을 받은 모양이다. 얼굴이 미소로 환해졌다. 긴 호흡의 소설을 쓰는 일이 얼마나 자신의 삶을 처절하게 드러내고 모아내는 것이겠는가. 더구나 우리나라에서 전업작가로 사는 일이 얼마나 고된 일인가. 그러나 이제 마흔을 넘긴 그가 이루어낼 소설의 세계는 또 얼마나 무궁무진하고 탄탄할 것인가. 기대된다. 그리고 마음껏 응원한다. 아이들도 지역 문학에 대한 관심을 높이고 이곳의 언어와 정서, 그리고 살아 숨 쉬며 형상화된 그 인물들을 사랑해주었으면 한다.

그러니 지역 출신의 좋은 작가를 초대하여 아이들과 이어주는 일은 즐겁다.

서울 여자, 시골 선생님 되다

1990년을 생각하며

여름 장마가 시작되었다. 밖에는 굵은 비가 내리고, 오늘은 놀토. 할 일들 따위는 뒤로 미루고, 바닥에 배를 깔고 한홍구의『지금 이 순간의 역사』를 읽었다. 아주 가벼운 마음으로 읽기 시작했다. 커피를 마시고, 빵조각을 오물거리면서. 휴일이므로.

지난해 학교에서『한국현대사 1980년대 편』과『전태일 평전』을 읽고 도서실에서 독서토론을 했다. 그런데 요새 아이들은 이런 묵직한 책을 읽어도 별반 흔들림이 없어 보였다. 얼마 전 1987년 6월 항쟁을 다룬 최규석의『100도씨』라는 만화책을 보면서도 나는 눈가가 뜨거워졌다.

이 책은 금세 나를 1990년으로 데리고 가더니 '오월 광주'에 대해 알게 된 그 첫봄으로 데려다 놓는다. 황석영의『죽음을 넘어 시대의

4. 문학 이야기를 하다

어둠을 넘어』를 읽고 눈물 흘리던 그 모습으로 말이다. 그리고 당시 명지대학교 신입생이었던 강경대가 시위 도중 전경의 쇠파이프에 맞아 죽은 것을 시작으로 이어진 분신정국 속으로 나를 데리고 갔다.

1991년 봄, 강경대로부터 이어진 친구들의 죽음을 목격하고, 그 죽음에 오열했었다. "죽음의 굿판을 집어치우라고, 너희들의 뒤에는 주사파라는 배후가 있을 것이라고, 스승에게 밀가루를 뒤집어씌우는 너희들은 패륜아!"라며 길길이 날뛰던 기성세대에 혐오했던 그 때로. '패륜아'라는 모국어는 우리에게 분노와 좌절을 느끼게 하였다.

친구들은 거리로 나갔고, 판문점으로 갔고, 농활도 갔고, 구로공단 공활도 갔다. 대학 문학 동아리보다는 지역의 노동자문학회에 나가 노동문학에 심취하기도 했다. 보수적인 대형 교회에 회의감이 느껴져 작은 민중교회로 옮겨 현실에서 이루어야 할 '하나님 나라'에 대한 고민도 했었다. 그때 우리는 NL과 PD 논쟁으로 상처를 받기도 했다.

우리는 1980년대 선배들에 비해 어설펐다고 했다. 개인주의적이고, 다양하기도 하고, 어디로 튈지 모르겠다고 했다. 아무도 그 시대의 본질을 정의해주지 못하고, 다독거려주지 못한 채 절뚝거리며 나와 친구들은 졸업 후 현장으로, 고시학원으로, 학원으로, 학습지 강사로, 전업주부의 삶으로 들어갔다.

1980년대를 산 선배들은 광주라는 죽음의 시대를 겪었고, 90년의 우리는 책이나 영상을 통해 광주를 들었다. 전교조 1세대라고 해서 고등학교 때 87년 6월을 겪은 애들도 있었다. 대학 부속여고를 다닌

서울 여자, 시골 선생님 되다

나도 최루탄 가득한 교정을 기억하며, 89년 조선대 이철규의 시신을 찍은 포스터를 기억한다.

광주의 정신은 밥과 피를 나눈 시민 정신에 있다고, 아니, 죽을 줄 알았으면서도 27일 새벽 도청에 남아 있었던 사람들의 정신에 있다고 한홍구는 말한다.

하종강은 자기 책상머리에 있는 화이트보드에 "총을 들었을까?"라는 글을 써놓고 산다고 한다. 산 사람은 살아야 한다고 총을 내려놓은 사람들도 있었지만, 총을 내려놓지 못한 사람들도 있었다고. "어떻게 텅 빈 도청을 내주느냐, 지금까지 죽은 사람은 뭐가 되느냐, 절대 그럴 수 없다."며 그 사람들이 26일 밤 도청에 남았다고 한다. 죽을 것을 알면서 주먹밥을 가져다 먹으며 최후의 만찬을 하고, 목욕하고 속옷을 갈아입고 총을 들고 앉아 있던 시민군들…… 그리고 그날 밤 가두방송을 들으며 이불 속에서 꺼이꺼이 울던 사람들, 광주의 진실을 알리려고 죽어간 사람들을 곁에서 지켜봐야 했던 사람들.

우리 세대는 '살아남은 사람들의 슬픔을 아는 사람과 모르는 사람'으로 나눌 수도 있을 것 같다. 그러니까 90학번들은 91년 숱한 죽음을 겪으며 살아남은 사람들의 슬픔을 공유했던 것이다. 그래서 유독 사회적 죽음 앞에서 아직도 꺼이꺼이 울게 되는지도 모르겠다.

나는 1991년 '죽음의 굿판을 집어치우라'고 조선일보에 글을 쓴 김지하 시인과 '주사파 학생 명단을 공개해야 한다'는 서강대 박홍 총장의 징글징글한 환영이 떠올라 몸서리쳤다.

서울 여자, 시골 선생님 되다

이제 노무현 전 대통령의 죽음이 아프게 다가온다. 어느 학번 운동권에도 끼지 못하던 상고 출신의 가난한 빈농의 아들이었던 대통령 노무현. 그는 광주의 죽음 앞에 슬퍼했고, 살인마 전두환을 청문회로 불러내 조목조목 그의 죄를 물었고 명찰을 던졌던 사람이다.

"이의 있습니다!"

소수였고 비주류였던 그가 그렇게 외쳤다. 그랬던 그가 대통령이 되었고, 결국 퇴임 후 벼랑 끝으로 올라가 죽음을 선택했다. 그러니까 이 책은 노무현과 김대중에 대해 다시 되돌아보게 하는 데 또 다른 의미가 있어 보인다.

1990년. 그 시절, 새로움도 분명 있었다. 사회주의권이 급격히 붕괴되고, 많은 선배들이 방황했으나 오히려 우리들은 방황이라고 할 것이 없었는지도 모르겠다. 우리는 '나'에 대한 고민을 시작했었으니까. "누가 나에게 이 길을 가라하지 않았네~"라는 꽃다지의 노래도 좋아했지만, '난 알아요.' 하는 서태지의 노래도 좋아했었으니까.

민중이 주인 되는 세상을 꿈꾸기도 했지만, 내가 행복한 '지금'을 살고 싶었었다. 그렇게 지금 이 순간의 역사를 알고, 느끼게 해주는 이 책의 힘이 대단하다. 근래 들어 책을 읽고 이렇게 울어보긴 처음이다. 김려령의 『우아한 거짓말』이나 이금이의 『유진과 유진』, 공지영의 『도가니』나 신경숙의 『엄마를 부탁해』 같은 소설책도 아니고, 한홍구의 현대사 특강 『지금 이 순간의 역사』를 읽고, 눈물범벅이 되는 나는 90학번이다.

나도 이제 40대에 들어섰다. 모두 기존 사회에 편입되어 살고 있다. 나 역시 지배적 이데올로기를 재생산하는 데 충실한 순종적인 교사로 살고 있는 것은 아닌지 반성한다. 비평준화 농촌지역의 인문계 고등학교 교사로서 내가 쏟는 열정이 결국 무한경쟁으로 치닫는 공교육의 이데올로기 강화에 복무하게 된다. 교사는 지식인으로서 학생들에게 배움을 주는 사람이어야 하는데 자꾸 학생들을 통제하고 행정적 업무를 지원하는 공무원이 되는 것은 아닌가 생각해본다. 특히 올해처럼 학년부장과 방과후학교 부장교사를 하게 되면서 더욱 아이들 앞에서 '꼰대'가 되어가는 것을 느낀다. 학기 초 우리 반 아이의 싸이월드에 들어갔다가 '조샘 안티' 게시판을 만든 것을 보고 크게 실망하고 그 아이에게 탈퇴를 권유했던 웃지 못할 일도 저질렀다. 그것이 표현의 자유를 침해하는 MB정책과 흡사한 것이 아닌가 하는 생각에 마음이 저려왔다. 담임의 역할을 잘해보기 위해 규칙을 내세워 아이들을 통제하며 잔소리하고, 그들의 자율성을 침해하고 있다. 순종적이고 겸손한 학생들이 갈수록 더 좋은 이유도 내가 학교 시스템에 맞게 보수화되고 있기 때문일 것이다.

　발령받은 초기에는 학교 관리자를 이해하는 순간 어용 교사가 된다는 말이 있었다. 부조리한 학교 현실을 바꾸거나 거부하지 못하고 자꾸 길들여져 가는 것만 같다. 고용불안 시대에 선호하는 직업 1위라는 교사가 되고 나서 자꾸 소시민적인 생각이 들고 편안한 현실에 안주하려는 나를 발견한다. 전교조에서 주최하는 모임과 행사에 수동적으로 참여하고, 독서교육 담당자이기에 가능한 독서와 열린 토론의 자리를 마련하는 것 정도를 하면서 어정쩡하게 살고 있는 것 같다.

서울 여자, 시골 선생님 되다

서른으로 넘어서면서 당위적 삶이 아니라 내가 하고 싶은 일을 하면서 내가 좋아하는 사람들을 만나면서 행복하게 살고 싶은 욕구가 생겼다. 그래서 평생 되지 못할 것 같은 여성 농민으로 살겠다는 생각을 놓아버리고, 임용고사를 봐서 교사가 된 지 7년째. 명동에서, 남대문 시장 앞에서, 미대사관 광화문 앞에서, 신촌에서 소리 질렀던 우리들의 구호를 잊지 말아야겠다. 박노해의 시를 읽고, 농활과 공활을 통해 결심하던 그 연대의식 말이다.

광주 망월동 강경대의 묘역에 피어 있는 채송화와 경대를 잊지 못하는 사람들이 놓고 간 쪽지와 종이학이 떠오른다.

한홍구의 책에 90년대 이야기가 나왔다고 울먹거리고 있다. 나 말고도 그 시절, 그렇게 시대와 역사와 기성세대를 향해 힘차게 외쳤던 씩씩하고 멋진 우리 90학번 벗들은 다들 어떻게 살고 있는 것일까.

보고 싶다. 비도 오는데, 술 생각이 간절하다.

고마워라, 도화헌미술관

　오늘은 도화헌미술관 속의 천연염색 공방인 '색단장'의 주인인 김혜경 선생님의 생일이다. 소록도 간호사인 언니와 나는 고구마 케이크에 불을 붙이고 손뼉을 치며 축하해주었다. 나는 언니에게 김선우의 에세이『어디 아픈 데 없냐고 당신이 물었다』를 선물로 주었다. '시인 김선우가 오로빌에서 보낸 행복편지'라는 부제가 붙은 책인데, 그곳에 모인 우리 여자들 셋은 제목을 읽는 것만으로도 따뜻함이 사무쳐 번지는 것 같았다. "어디 아픈 데 없냐"고 안부를 물어봐주는 것이 얼마나 소중하고 벅찬 일인지 모르겠다. 어쩌면 아무도 "어디 아픈 데 없냐"고 물어봐주는 사람이 없었던 것 같은 내밀한 쓸쓸함을 가지고 사는지도 모르겠다. 그래서 우리들끼리 물어봐준다.

　"언니들, 어디 아픈 데는 없나요?"

서울 여자, 시골 선생님 되다

시인 김선우는 세 번째 장편소설의 초고를 마쳐놓고 여행 가방을 쌌다고 한다.

"좀 쉬려고요. 좀 지쳤거든요. 일단 쉬고 다시 잘 살아볼게요. 좀 쉬고 다시 잘 사랑해볼게요."

이 책은 행복한 사람들이 보고 싶어져서 인도의 오로빌로 여행을 가서 쓴 여행 에세이다. 오로빌은 내면의 평화와 영혼의 성장이 인간의 삶에 있어서 귀중하다는 생각을 가지고, 세속적 권력으로부터 자유로운 사회를 만들고 싶어 모인 공동체라고 한다.

내가 일상에 지쳐 쉬고 싶을 때 찾아가는 곳은 도화헌미술관이다. 우리 집 말고도 이렇게 찾아가면 쉴 수 있는 곳이 마음속에 한 군데씩 있다는 것은 행복한 일임을 안다. 언니는 우리가 바쁠까 봐 전화를 못 걸겠다고 말하지만, 그곳을 찾아가는 우리에게는 더없는 '쉼'이다. 간혹 우리들의 '쉼'이 그녀의 '노동'을 빼앗는 일이 되는 것 같아 미안할 뿐이다.

언니는 금세 찹쌀밥에 김, 톳나물 무침, 쪽파 무침, 파래 무침, 미역 줄기 무침을 먹으라고 내놓았다. 진수성찬이다. 딱 돈 만 원만 들고 시골 장에 나가 장을 본다는 언니는 친정엄마 같은 손으로 맛있는 밥상을 차려준다.

단장 바닷가 가까운 곳에 폐교를 가꾸어놓은 미술관에는 매월 새로운 작가들의 미술작품이 전시되고 있다. 천연염색 '색공방'에는 '꽃 피는 마을학교, 재봉교실'이 열려 고운 천으로 가방도 만들고 실내화도 만드는 모임이 열리고 있다.

지친 나에게 친정 엄마 같은 손으로 맛있고 소박한 밥상을 차려주는 도화헌미술관 선생님. 그곳이 갈수록 따뜻하고 환하다.

곱게 물든 천연염색 옷감들이 자리한 '색단장' 속으로 계절마다 촉감을 달리하는 햇살이 비춘다. 운동장 한 켠 빨랫줄에 널린 고운 천을 보고 있으면 축축해진 내 속의 간도 꺼내 말리고 싶어진다.

서울 여자, 시골 선생님 되다

이곳에서 독서 캠프를 여러 번 하였다. 도화독서동아리 아이들과 엄마들이 함께한 독서 캠프, 도화고와 고흥고 학생들이 함께했던 독서 캠프. 미술관 이곳저곳에서 책을 읽고 토론을 하였다. 고기도 구워 먹고, 감자도 삶아 먹고, 밤하늘에 총총히 박힌 별도 가슴에 담았다. 작은 편백나무 근처에서 날던 반딧불이가 떠오른다. 그 여름의 찬란했던 캠프의 기억. 그리고 그렇게 그 공간과 시간이 그리워지는 시간. 한적하고 쓸쓸한 계절의 빛깔이 그곳에 있다.

2000년 도화헌미술관이 문을 연 후에 이분들을 만난 것은 2002년이다. 왜 그랬을까. 처음 이곳에 왔을 때 관장님은 다기에 녹차를 한 잔 따라주었다. 그런데 그 차를 다 마시자 소주를 한 모금 넣어주었다. 왜 그때 그 마지막 '녹차소주'를 마시면서 눈물이 울컥 났을까. 그때가 서른이었으니까 그랬을까. 그 세월 동안 관장님은 묵묵히 이곳을 스치는 사람들을 그림과 음악과 차로 맞이해주었고, 언니는 체험활동을 열고, 천연염색 이불과 옷과 커튼 등을 만들며 이 큰 공간을 버티게 해주었다. 그래서 사람들은 그림을 보러 오거나 체험활동을 하러 오거나 숙박을 하며 캠프를 하러 꾸준히 이곳을 찾는다.

"어디 아픈 데는 없나요?"

종종 그녀에게 물어봐주어야 한다. 그곳을 지키는 주인장이 지치지 않도록. 우리가 평화로운 우정을 오랫동안 나눌 수 있도록. 지역의 소중한 문화공간으로 들락날락 머물다 갈 수 있도록.

다음은 도화헌미술관에 대한 따뜻한 기억을 가지고 쓴 시이다.

4. 문학 이야기를 하다

남쪽 바닷가로 흐르는 느티나무 아래로 날이 저문다
소록도 멀구슬나무 숲 속을 흰 발로 걸어 다니는 여자와
손등도 마음도 치자로 물들어가는 여자를 만나는 그 자리
모질지 못해서인지
자주 삶에서 미끄러지는 나는
그 여자가 심고 거둔 열무잎에 현미밥을 싸 먹는다
어디 아픈 데는 없냐고
한 번도 물어봐주는 사람이 없었던 것처럼
서로에게 쌈을 건네주며
오랜 그리움을 삼킨다

지금은 촘촘히 가을이 물드는 시간
마음과 몸의 기력이 언제까지 다할까를 생각하며
비워진 자리마다 양파껍질을 삶아
실크스카프처럼 빛나보는 게 어떨까

-조경선의 시 「도화헌미술관에서」

전국국어교사모임을 마음에 담고

"전국국어교사모임(전국모)은 100퍼센트 전교조인가요?"

'참사랑 국어' 카페 '교사들의 잡담' 게시판에도 글이 올라오기 시작했다. 대부분의 댓글은 전교조 조합원은 아닌데 전국모 정회원이라는 내용 일색이었다. 젊은 국어교사들은 전교조 가입이나 조합원 활동에 대해서는 거리감을 가져도 국어교사모임에 대해서는 부담 없이 함께 참여해서 배우고 싶어 하는 것 같다.

방학 중 유익한 연수를 추천해달라는 질문에도 '전국모 연수'를 추천하는 댓글이 많고, 수업을 잘 못하는 것 같다고 고민을 호소하는 교사에게도 '전국모 연수'를 추천하는 댓글이 올라왔다. 심지어 '혼자 가는 신규 교사'의 글에 '저도 혼자 가요'라는 댓글도 많이 달렸다.

국어수업에 대한 고민은 국어교사라면 누구나 겪는 것이고, 보다

4. 문학 이야기를 하다

새롭게 발전시켜야 하는 필수적인 몫이기 때문에 전국국어교사모임의 정회원으로 활동하며 연수라도 참가하고자 하는 경우가 많은 것 같다. 전국의 좋은 국어수업을 이끄는 선생님들의 열정을 확인하며 그 수업 사례를 배우고, '내가 이루고 싶은 수업'의 방향이 틀리지 않았음을 확인하고 고민하는 자리가 되기 때문이다.

조선대에서 2박 3일 동안 열린 전교조 참실대회의 '토론수업'과 충남대학교에서 2박 3일 열린 전국모 연수인 '소설수업'에 모두 참가했다. 준비하고 운영하는 전국모 간부 선생님들은 그래서 1월을 '죽음의 1월'이라고 부른단다. 전국국어교사모임은 사단법인으로 전교조와는 별도로 독립되어 있으나 실제로 전교조 참교육실천 수업 발표 사례나 연수를 준비하는 주체는 전국국어교사모임이고, 내용적으로나 강사 구성에 있어 전교조 참실대회 국어분과 내용과 전국모 연수가 겹친다.

혼자서도 갈 수 있는 전국국어교사모임 연수지만 동료 국어교사와 함께라면 더욱 든든하고 즐거운 길이 된다.

2009년 김연수의 소설 『세계의 끝 여자친구』가 나왔을 때 같은 학교 국어선생님께 선물로 드린 적이 있었다. 점심시간에 학교를 나와 동네 서점에 갔다가 두 권을 사서 하나는 나에게 하나는 옆 선생님께 드렸다. 같은 과 선생님과 같은 소설이나 시집을 읽고 어떻게 읽었는지 이야기를 나누는 일은 즐겁다.

그 아홉 개의 단편 소설 가운데 표제작인 「세계의 끝 여자친구」는 "뭔가를 예감하게 만드는 것들이 있다."라는 문장으로 시작된다. "인생은 서로 물리는 톱니바퀴 장치와 같으니까, 모든 일에는 흔적이 남

서울 여자, 시골 선생님 되다

게 마련”이라고 했다. 시간이 조금 지나 2009년을 떠올리며, 이 문장을 생각한다.

주인공에게 첫 번째 톱니바퀴 역할을 한 것은 도서관에서 근무하던 봉사자가 게시판에 걸어둔 시였다. 게시판에 붙인 시의 제목이 ‘세계의 끝 여자친구’다. 시 구절의 ‘메타세쿼이아 한 그루’에 마음이 끌려 식물학 책까지 뒤진다. 할머니의 제자이자 시인에게는 ‘세상의 끝’까지 데려가고 싶을 정도로 사랑하는 여자가 있었다. ‘나’는 희선 씨라는 할머니와 메타세쿼이아 둥치 근처에서 죽기 전 시인이 묻은 편지를 찾아낸다. 호수 건너편, 메타세쿼이아가 서 있는 세계의 끝까지 갔다가 거기서 더 가지 못하고, 시인과 여자 친구는 다시 그 길을 걸어 집으로 돌아갔던 것이다. 그러나 다음과 같은 문장으로 소설은 끝이 난다.

“다시 수만 년이 흐르고, 빙하기를 지나면서 여러 나무들이 멸절하는 동안에도, 어쩌면 한 그루의 나무는 살아남을지도 모르고, 그 나무는 한 연인의 사랑을 기억하는 나무일지도 모른다.”

사람은 누구나 어느 한 시기에 불꽃처럼 타오르는 삶을 산다고 작가는 말한다.

“각자의 불꽃들이 외롭게 타오르던 한 시기. 쉽게 위로하지 않는 대신에 쉽게 절망하지 않는 것.”

작가가 말한 이것이 얼마나 중요한 삶의 태도인지 생각하곤 한다.

불꽃은 차차 소멸하는 법, 그래도 흔적은 남는다. 그 희미해지는 흔적을 대하는 태도에 따라 삶의 모습이 여러 양상으로 보이기도 한다.

이야기가 좋은 소설이 있고, 문체가 좋은 소설이 있다. 김연수의 문체는 늘 새롭게 다가와 큰 여운을 남긴다. 소설을 곁에 두고 있다가 다시 열 때마다 그 문장의 의미가 삶 속에서 불쑥 다가와 말을 건넨다.

그해 겨울 오산의 한신대학교로 같은 학교 국어선생님과 연수를 다녀왔다. 오며 가며 함께 공유한 국어수업과 교사의 삶에 대한 이야기는 내게 설레는 흔적으로 남아 있다. 올해는 옆 중학교 국어선생님과 함께 연수에 참가했다. 또 오며 가며 국어수업과 학교에서 맡은 일과 학생들과의 관계 등 여러 이야기를 나누었다. 좀처럼 눈이 내리지 않는 고흥과는 달리 마침 충남대 교정의 숲에는 하얀 눈이 내렸다. 지난 한 해 학교에서 지친 마음이 저절로 순해지는 것 같았다.

올해 연수는 '교과서와 EBS를 뛰어넘는 소설수업'을 주제로 열렸다. 소설수업이라는 한 가지 주제로 연수를 하니 고민을 집중해서 할 수 있어서 좋았다. 작년 기말고사가 끝나자 학부모 한 명이 전화를 걸어 나의 문학시험 문제에 대해 항의를 하는 일이 있었다. '왜 교과서로 가르치지 않느냐, 토론수업을 한 것으로 문제를 내니 애매모호한 것 같다'라는 것이 그 내용이었다. 말하자면 나는 인문계 고등학교의 학생들과 학부모들 사이에서 좀 지친 상태였고, 더 이상 절망하고 싶지 않아 겨울 연수에 참여하러 간 것이다. 작품이 앞뒤로 싹둑 잘려 나오는 좁은 교과서와 EBS 문제집만을 들고 교실에 들어가서는 문학수업을 제대로 할 수는 없다.

모든 강사들이 엄청난 내공을 가지고 강연을 해주었지만 가장 인상적인 내용을 몇 개만 소개한다.

먼저 고용우 선생님. 작품의 전문을 읽지 않고 요점만 가르친 후 문제를 풀게 하는 것은 밥을 먹었다 치고, 각종 반찬의 맛을 익히는 것과 같다고 비유하셨다. 속독이 아니라 천천히 세심하게 읽음으로써 문학작품 속에서 의미 있는 발견을 하고, 깊이 있게 이해할 수 있다고 하였다. 학생들에게 구체적인 질문을 하고 비평문을 쓰게 하라고. 교사가 소설 작품을 다 소화하고 스스로 의미를 찾아내지 않으면 무능해질 것이라고 이야기해주었다.

그리고, 최시한 교수님. 그분이 쓴 『소설, 어떻게 읽을 것인가』라는 비평서는 그동안 국어수업 속에서 가볍게 던진 설명들을 되돌아보게 했다. 소설은 이야기(서사)의 일종이라는 것, 줄거리는 서술과 달리 고정 불변한 것이 아니라 줄거리를 어떻게 파악하고 요약하느냐에 따라 작품의 해석이 달라진다고 지적해주었다. 작가의 창작 의도를 절대화시키지 말라는 등의 내용에 대해 김유정의 「동백꽃」을 가지고 구체적으로 실습해보았다.

그 다음 안석재 선생님. 그분이 쓴 『문학수업의 길찾기』라는 책은 입시체제 속에서 진정한 어떻게 문학수업을 할 수 있을까 고민하는 나에게 '나만 이런 고민을 하는 게 아니구나, 내가 꿈꾸는 문학수업을 이분은 하시는구나'라는 생각을 하게 하였다. 그런 분인데 지난 한 해 마치 고공 크레인에 올라가 있는 것처럼 문학수업이 안 되었다고 말씀하였다. 작년에 발령받아 간 곳은 혁신학교인데다가 신설학교. 학생들에 대한 구체적인 파악 없이 '배움의 공동체' 원리를 도입하려고 하였고, 학생 지도에 대한 합의과정이 늦어지면서 수업이 잘

되지 않았다고 말씀하시며 선생님은 괴로워하였지만, 왠지 동병상련이 느껴져 많이 웃을 수 있었다.

문학수업의 기본은 많이 읽고 많이 생각하고 말하고 쓰는 것이라는 전제를 다시 한 번 상기시켜 주었다. 선생님은 교사의 작품 선정과 평가권의 자주성이 확립되어야 한다고 하였다. 작품 전체를 읽고 온몸으로 만나야 문학 감상이 된다고. 작품 전체를 먼저 만나야 하지 정보를 먼저 던져주면 선입견을 가지게 한다고 하였다. 소설을 읽은 뒤에 줄거리를 써보며 사건에 대해 정리하는 활동, 주어진 정보를 바탕으로 인물의 성격을 추리하는 활동, 작품의 배경을 살피고 나서 그것이 작품 주제에 어떤 영향을 주는지 파악하는 활동, 이야기가 누구의 시선으로 서술되는지 살피고 그것이 작품 읽기에 어떤 흥미를 부여하는지 생각해보는 활동이 작품에 대한 분석 활동이며, 이것은 아이들 스스로 할 줄 알아야 한다고 설명해주었다. 그 결과에 대해서는 '그것은 옳지 않다'라고 지적하기보다는 어떤 반응도 소중하게 여겨야 한다고 하였다.

경남국어교사모임의 회장님인 김미숙 선생님은 '질문으로 하는 소설수업'을 소개해주었다. 우선 소설 전문을 읽도록 한 후 자기가 모르는 내용을 질문하도록 한다고 하였다. 넷이 한 모둠이 되어 서로의 질문에 답하고, 그 답을 공책에 적도록 한다고. 모둠에서 풀리지 않는 질문을 추려 칠판에 적게 한 후 함께 토의를 하거나 교사가 설명한다고 하였다. 교사보다 친구의 설명이 훨씬 쉽게 이해되고, 교사가 미처 생각지 못한 질문을 만나면 더욱 세심한 소설 이해 수업이 될

서울 여자, 시골 선생님 되다

수 있다고 이야기해주었다. EBS 문제를 풀어주는 교사는 절대로 학생들의 존경을 받지 못한다고, 교재 뒤에 답과 해설이 있고, 교사도 그 해설을 보고 수업을 하면 어떻게 국어교사를 존경할 수 있겠느냐고 말하였다. 모둠 친구들과 반 아이들 앞에서 소설 토의하기. 30분간 소설 토의 진행, 나머지 학생들은 질문하기, 자신이 토의한 작품에 대해 비평문 쓰기 등도 소개해주었다.

그 밝은 목소리를 듣는 것만으로도 열정과 유쾌함을 느낄 수 있는 송승훈 선생님은 '소설대화수업'을 소개해주었다. 학생 3~4명이 같은 소설책을 사서, 수다를 떨고 A4 10쪽에 써서 내게 한다고 한다. 대략 열다섯 명 정도의 작가를 제시한 후 마음에 드는 친구들이 모이게 한 후 서로 각자 다른 책을 사서 돌려 읽도록 하고, 독서토론을 진행한다고 하였다. 인물을 한 명씩 떠올려 도마에 올려놓고 토론하게 하고, 책에서 인상 깊은 이야기, 자기나 세상과 연관된 이야기를 찾게 한다고 하였다. 기록 맡은 사람, 워드 맡은 사람, 편집 맡은 사람, 사진 맡은 사람 등 네 가지 역할로 나누게 한다고 하였다. 소설 속에서 자기 삶을 이야기하도록 해야 하고, 그래야 문학이 살아 뛴다고. 그리고 그 결과를 쓰고 교사와 면담을 한 후 고쳐 쓰기를 하도록 지도한다고 하였다. 지금 수능 문제 스타일을 보았을 때도 이런 수업이 낫다고 하였다. 문제 풀이 수업은 인터넷 강의가 낫다고 아예 학생들에게 말해준다고 한다. 독해의 근본 능력을 키우는 데도 독서와 토론 수업이 도움이 된다고 하였다.

다음으로 서울대 오한영 교수님. 소설 창작하기 내용이었다. 미술시간에 그림을 그리고 조각을 하듯이, 음악시간에 노래를 부르고 악기를 연주해보듯이, 문학시간에 작품을 창작해보아야 한다고 하였다. 사물 대상의 추상적인 것을 구체적인 감각으로 다가오게 해주는 것이 형상화라고 하였다. 우선 소재를 구하고, 두 번째는 인물을 만들라고. 소설을 쓰면 인간에 대한 안목이 커진다고 하였다. 중고등학교 학생들에게는 가장 관심 있는 이야깃거리를 써가지고 오게 한 후 그것이 왜 중요하다고 생각하는지 말하게 하는 등 점차 고쳐나가게 하면 된다고 하였다. 몇 마디라도 평을 써주면서 글을 고쳐주어야 글이 잘되는 방향으로 나아가게 한다고. 학생의 세계관도 너그럽게 인정해주고, 학생들이 소설에 대한 거부감을 갖지 않게 하려면 소설에 대한 이론 설명을 너무 많이 하지 않았으면 한다고 하였다.

소설가 강미희 선생님은 매우 우아하면서도 생기가 넘쳤다. 강연 내내 소설 창작에 대한 열망이 곳곳에 묻어났다. 소설을 계속 쓰긴 했지만 소설가가 되지 못한 그 긴 시간에 대해 이야기해주었고, 결국 '내가 잘 쓸 수 있는 내용에 대해 쓰기로' 결심하며 학교와 학생들, 책 이야기를 써서 세상에 낸 소설이『길 위의 책』이라고 소개해주었다.

선생님의 취향대로 추천 도서를 선택한다고 하였지만, 스스로 감동을 얻은 소설을 학생들에게 권유하며 독서활동을 이끌어오는 모습이 참 인상적이었다. 책 10세트를 45권씩 사고, 워크북을 만들어 나누어준다고 하였다. 학생들은 돌아가며 책 한 권씩을 읽으며 '감동 깊은 구절 베껴 쓰기'와 '질문 거리'를 워크북에 작성하고, 읽은 책에 대한 전체 느낌을 개인별 소감과 모둠별 논의 결과로 발표하게 하였다고 한다. 모둠별로 토론한 내용을 워크북에 정리하게 한 후 다양한 양식으로 혼자만의 글쓰기를 하게 한다고 하였다.

몇 년 전 출판시장에서 어린이 책이 활성화되었고, 그에 따라 동화를 꾸준히 읽으며 자라온 세대들이 청소년이 되면서 다시 청소년 책이 큰 붐을 이루고 있다고 한다. 소위 말하는 '386세대'의 자녀들이 청소년기를 겪는 시기와 동일하다는 설명을 해주었는데, 강의가 끝난 후 "그러나 386세대의 자녀들인 청소년과 대학생들이 그 어떤 시대보다 큰 고통을 겪고 있다."며 문제 제기를 하시는 분도 있었다.

현재 청소년들과 대학생들의 부모들의 자녀에 대한 욕망과 사회적 흐름이 맞닿아 있다는 생각이 들었다. 스마트폰 등에 몰입하는 세대들을 볼 때 종이책의 전성기는 곧 사그라질지 모른다는 생각도 든다. 그럼에도 불구하고, 왜 책을 읽어야 하는 것인지, 왜 스스로 사고하는 힘을 키워야 하는 것인지, 국어교사는 어떤 작품을 들고 학생들을 만나서 그 의미를 찾아가야 할 것인지 고민이 된다. 교사와 학생이 함께 행복하고 성장하는 소설수업을 만들어나가기 위한 고민은 어쩌면 은퇴하는 그 전전날까지 계속되어야 할지 모르겠다.

이렇게 연수를 통해 현장에서 꿋꿋하고 멋있게 수업을 해나가는 국어선생님들을 만나면 더없는 열정에 전염되며, 나도 조금은 기억해 두었다가 따라 할 수 있을 것만 같다는 생각을 한다. 새 학기. 일 년의 수업을 봄방학 때 미리 계획하고 읽을 작품 중심으로 부교재도 만들어놓고 새 학기를 맞이하겠다는 목표. 올해는 지킬 수 있을까. 올

해 함께 연수에 동행했던 선생님과는 고흥에서 모임을 조그맣게 만
들어 시집과 소설을 읽고 토론해보자고 약속했다.

다시 김연수.

　우리는 헛똑똑이들이다. 많은 것을 안다고 생각하지만, 우리
는 대부분의 사실들을 알지 못한 채 살아간다. 우리가 안다고
생각하는 것들 대부분은 '우리 쪽에서' 아는 것들이다. 다른 사
람들이 아는 것들을 우리는 알지 못한다. 그런 처지인데도 우
리가 오래도록 살아 노인이 되어 죽을 수 있다는 건 정말 행운
이라고 말하지 않을 수 없다. 우리는 어리석다는 이유만으로도
당장 죽을 수 있었다. 그 사실만으로도 우리는 이 삶에 감사해
야만 한다. 그건 전적으로 우리가 사랑했던 나날들이 이 세상
어딘가에서 이해되기만을 기다리며 어리석은 우리들을 견디고
오랜 세월을 버티기 때문일지도 모른다. 맞다, 좋고 좋고 좋기
만 한 시절들도 결국에는 다 지나가게 돼 있다. 그렇기는 하지
만, 그 나날들이 완전히 사라졌다고 말할 수는 없다 .

-김연수의 「세계의 끝 여자친구」 중에서

　강연의 주제는 '모국어로 가르치는 삶' 정도가 된 것 같다. 모국어
에는 거대한 관념적 세계와 무궁무진한 가능성이 숨어 있고, 그것이
모국어의 힘이라고. 국어교사는 모국어를 가르치는 사람이라는 것,

서울 여자, 시골 선생님 되다

모국어란 수많은 가능성의 세계를 의미한다는 것에 대해 새롭게 생각해보았다.

문학적으로 묘사를 잘한다는 것은 자신의 체험을 생생하게 표현하는 것이라고 하였다. 비유적 표현을 쓰면 시가 되고, 사건으로 서술하면 소설이 되는 것이라고. 아무도 안 쓴 새로운 표현을 찾아 실제 있었던 일인 것처럼 그럴 듯하게 쓰는 일이 창작이며, 모국어인 말과 말이 결합해서 새로운 세계의 가능성을 보여주는 작품을 통해 그것을 향유하는 방법을 알려주는 문학수업이 되길 바란다고 하였다.

문학이라는 것은 새로운 가능성을 알려주는 것이고, '네가 아는 세상이 전부가 아니라는 것'을 말해주어야 한다고 하였다. 그러려면 당연히 교과서를 뛰어넘어야 소설 교육이 가능한 것이라고. 학교에서 가르치는 것은 무용하다는 것, 선생님도 모를 수 있다는 것, 제한이 없다는 것을 가르쳐야 한다고. 자신이 가진 견해의 대부분은 부모와 교사의 것이라고. 그렇다면 '너의 견해는 무엇이냐'라고 질문해보아야 한다고 하였다. 하루에 열 쪽씩 소설책을 같이 읽으면 좋겠다고 제안하였다.

어느덧 충남대를 덮은 흰 눈은 다 녹아버리고, 김연수 작가의 강연을 끝으로 집으로 돌아오는 길. 대전에서 고흥으로 가는 길. 그 길에서 만난 메타세쿼이아 나무와 득량만의 갈대와 청둥오리 떼를 바라보며 집으로 오는 길. 차가운 물결 속에서 겨울을 보내는 저 날개 속에는 어떤 힘이 있는 숨어 있는 것일까를 생각하고, '다시 수만 년이 흐

4. 문학 이야기를 하다

르고, 빙하기를 지나면서 여러 나무들이 멸절하는 동안에도, 어쩌면 한 그루의 나무는 살아남을지도 모른다'고 김연수처럼 생각해본다.

올해는 나에게 어떤 해가 될까. 조금은 좋은 국어교사가 되어 좀 괜찮은 국어수업을 만들며 학생들을 만나고 싶다. 또 같은 학교에서 전국에서 좋은 국어선생님들과 이렇게 저렇게 함께하고 싶다. 그 속에서 또 천천히 배우고, 또 때때로 가르치고 싶다.
또다시 불꽃같은 한 시절의 아름다움을 느끼고 싶다.

소록도 숲길을 걸으며

2월의 숲은 다르다. 겨우내 움츠렸던 나무의 빛과 움직임이 조금씩 환해지는 것이 느껴진다. 물 먹은 솜처럼 무겁고 습기 많던 사람의 몸도 가벼워지기 시작한다.

"햇볕 보고 많이 걸으세요."라고 나에게 인사를 남겨주었던 어느 고마운 선생님의 말을 실행하고 싶어졌다. 마침 소록도 간호사 언니가 예쁜 숲길이 열 군데가 넘는 소록도를 걷게 해주겠다고 제안했다. 곁에 있던 몇 명의 여자들과 환호성을 질렀다.

소록도의 한센인 환자가 사는 마을은 철저하게 외부인 출입 금지 구역이다. 그래서 그 상처 많은 섬이 오히려 더 아름답게 보존되었을 것이다. 그곳으로 자전거를 타고 다니며 환자들을 만나는 간호사 언니를 따라 우리는 2월부터 소록도의 숲길을 걸을 수 있게 되었다.

4. 문학 이야기를 하다

편백나무의 숲길은 야트막해서 걷는 일이 고통스럽지 않다. 오른편으로 보이는 바다의 푸른 풍경이 걷는 일을 지루하지 않게 해준다. 바위에는 파래와 미역이 푸르게 머리를 풀고 있다. 바지락도 몸이 부풀어간다. 여전히 차가운 2월의 바람이라도 숲 가운데로 들어가면 따뜻해진다. 참 좋은 사람의 숲은 얼마나 더 따뜻한가. 봄을 맞는 나무와 꽃과 풀이 대견스러운 날이다.

지쳤다고 해야 맞을 것 같다. 너무 지쳐서 작은 위로에도 시큰거린다. 교직생활 7년 만에 처음 느끼는 고충이다. 어느 사이에 나는 아이들에게 강압적으로 지시하는 말을 하고 있고, 문학수업은 지루해져가고, 문학을 좋아하고 잘하도록 만드는 일이 주춤한 듯하다. 아이들을 향한 감정의 기폭이 심해지고 있다. 업무가 산더미 같았다. 그렇게 여유가 없이 아이들을 만나니 아이들도 내 말에 상처를 받았다.

다행히 학교라는 틀에서 살짝 빠져나와 고즈넉이 바라볼 시간이 생겼다. 봄방학이라 이제 2주 동안은 쉰다. 교사가 아닌 사람들은 방학에 대해 부정적인 사람들도 있지만, 아이들과의 감정노동으로 지친 마음도 다듬어 세우고, 새로운 수업 설계도 하기 위해 '교사가 쉬고 연수하는 시간'은 꼭 필요하다고 생각한다. 방학 중에 월급을 주지 않는다고 하면 교사들은 '방과후학교'에 더욱 집착하고, 생계를 위해 사교육에 뛰어들어야 할 것이다. 녹초가 되어 새 학기를 준비 없이 맞는 그런 풍경을 학부모들도 바라지 않을 것이다.

지난 7년간의 교직생활은 '7년간의 실수'라고 불러야 마땅하겠다.

사범대를 막 졸업한 20대의 풋풋한 나이로 교직에 들어온 것이 아니라 30대 중반에 교직에 들어와 신규 교사만의 귀여운 특권을 누려보지 못한 것이 아쉽기도 했다. 그래서 경력은 짧은데 나이는 많아서 책임져야 하는 일을 빨리 맡게 되었다.

대학 졸업 후에 사회단체에서만 일을 해봐서 실제로 직장이라는 곳을 좀 낭만적인 곳으로 생각하는 경향이 있었다. 늘 비슷한 생각과 성향을 가진 사람들 하고 함께 일하다가 나와 다른 날실과 씨줄의 사람들이 존재하는 곳에서 본의 아니게 갈등하고, 그 속에서 쓸쓸함을 느끼기도 했다.

국어수업이나 독서활동 역시 대형 마트 1층 매장처럼 쭈욱 늘여 들여놓기만 한 것 같다. 그 교육활동의 중심에 아이들의 삶과 사고가 있어야 하는데 참 부족했다. 내 속에 있는 권위주의와 이기주의가 불쑥불쑥 튀어나왔다. 작년 우리 반 아이들은 나에게 "선생님은 듣고 싶은 말만 듣는다"라고 했다. 규칙을 어긴 아이들은 내가 듣기 좋은 말을 맘에도 없이 하면서 순간을 모면하는 방법을 터득하기도 했다. 수업 외 업무에 에너지를 많아 쏟고, 정작 문학수업과 아이들의 소통에 있어서는 문제를 낳았다. 학생들과 벌어지는 갈등은 소통과 관계의 문제라고 생각한다. 내가 아이들을 '잡지 못해서' 아이들이 '교사를 무시했다'고는 진단하고 싶지 않다. 그렇게 처방을 내리면 아이들을 '잡기 위해' 노력해야 하는 것 아닌가. 아이들을 잡아야 하는 것이 남은 교사 생활의 나침반이라면 그건 너무 재미없고 끔찍하다. 모국어와 문학을 가르치는 일에 전문성으로 지적 권위를 세우고, 학생들을 존중하는 언어와 태도를 지니고 싶다.

이 불안정한 시대에 따박따박 월급이 나오고 하고 싶은 교육활동을 하며 사는 교사라는 직업의 안정성이 현실에 안주하게 한다.

소록도 숲길을 함께 걷던 현주언니는 말한다. 인생은 그렇게 부족한 면을 경험하게 하면서 '자만하지 말라고' 이야기해준다고. 언니에게는 같이 근무하는 병원에 멘토로 섬기는 간호사 선배가 있다고 한다. 언니가 '감독님'이라고 부르는 그분은 이제 은퇴를 불과 2년가량 남겨두었다고 한다. 병원 내에서 아무리 힘들게 일하는 사람이라도 그 선배와 함께 일하면 저마다의 빛깔로 다시 자리를 찾아가게 된다고 한다. '그래, 너는 그런 사람이야'라며 타인을 인정하고 존중하는 분이라고 말이다. 고여 있는 마음을 덜어내고 비울 줄 알기 때문에 가능한 일이기도 하단다. 처음 보는 사람은 그에게 '사람이 좀 무뎌 보인다'라고 할 수도 있겠지만, 절대 그런 분이 아니라고 한다. 일과 관계에서 울음을 삼키며 절제하는 모습이 있다고 한다. 말만 들어도 참 넉넉하고 따뜻한 사람 같다.

나에게 소록도 간호사 언니도 그런 분이다. 나도 그런 사람이 되고 싶다. 나와 만나는 사람들과 아이들이 저마다의 빛깔을 찾아나갈 수 있도록 넉넉하게 가르치며 배우며 관계 맺는 사람 말이다.

한참을 걷는데 거짓말처럼 사슴이 휙 지나갔다. 산길 위로 뛰어가다 다시 멈춰 서서 우리를 쳐다본다. 그들의 무리에서 대장 자리를 다른 사슴에게 넘겨준 놈이라 머리의 뿔이 잘려 있는 것이라고 한

서울 여자, 시골 선생님 되다

다. 이곳이 사람과 동물이 공존하는 곳이라고 생각하니 가슴이 뛰었다. 대장의 자리를 내려놓은 저 사슴의 삶에 대해서도 생각해보았다.

무엇보다 나이가 든다는 것. 함께 숲을 걷는 언니들은 나이 드는 것이 기대가 된다고 한다. 세상에는 완전히 다다를 수 있는 것이 없다는 것, 완전히 소유할 수 있는 것 또한 없다는 것을 알게 되었다. 반복될 수 없기 때문에 인간의 '서사'가 아름답다고 김연수 소설가는 말했다. 존재하는 감정이나 대상은 모두 소멸하게 된다는 사실이 나의 삶에 좀 더 담담하게 스며들어야 내공이 생길 것만 같다.

그러니 나이가 들수록 좀 깊어져야겠다. 내 감정과 마음이, 내 일상이, 내 삶의 인식과 실천이, 내가 이루는 관계가 말이다. 깊다는 것은 많다는 것과 다른 형용사이다. 언제나 어떤 일이든지 사람이든지 얕은 데까지만 갔다가 다시 돌아오곤 했던 나의 삶에 대해 돌아본다.

15년 전, 해창만 황톳길 따라 고흥으로 왔던 그 첫 마음을 생각한다. 인생 굽이굽이에서 몇 번의 갈림길을 만났다. 첫 번째는 고3 때, 재수를 할 것이냐 말 것이냐. 두 번째는 대학 졸업 때, 임용고사를 볼 것이냐 농촌으로 가서 여성 농민으로 살 것이냐. 세 번째는 20대 후반, 이 남자랑 결혼할 것이냐 말 것이냐. 네 번째는 30대 초반, 여성 농민으로 계속 살 것이냐 교사가 될 것이냐. 다섯 번째는 바로 지금이다.

그 갈림길 앞에 서 있음을. 그 길을 선택하기에 앞서 나는 두 번째, 세 번째, 네 번째의 고민과 결단으로 다시 돌아가야 한다. 그 길 앞에 서 있으니 아프다. 선택과 결심은 선택하지 않은 다른 것을 버리는 것과 같으므로.

올해는 수당 3만 원의 유혹을 버리고, 보충수업을 하지 않으려고 한다. 나도 학생들도 지치는 오후 5시의 문제 풀이 수업 말이다. 무엇보다 정규수업 속의 국어수업을 연구하고 준비하는 시간을 많이 쓰겠다. 그래서 학생들이 즐겁게 배워나갈 수 있도록 하고, 학생들이 의미 있는 통찰과 성장을 북돋을 수 있는 독서교육 활동을 내실 있게 해보고 싶다. 현실의 나를 망치는 판타지를 쫓으며 지치지 않겠다.

새 학기를 맞이해서 미용실에 가서 머리를 자르고, 첫 수업 준비를 하면서 올해 만나게 될 아이들과 선생님들 생각에 설레어하는 나의 모습을 본 선배 언니는 이렇게 말해주었다.

"그래, 교사 되길 잘했어. 너는 천생 교사다."

20년 전. 서울에서 만난 명인언니는 고흥으로 삶의 터전을 옮겨 살기 시작했다.

허튼 욕망을 절제하고, 세상을 아름답게 바꿀 수 있는 작은 디딤돌이 되고 싶다. 그리고 무엇보다 나 자신의 노동과 쉼, 나와 아이들이 서로 배우며 성장하는 일에 힘을 쓰겠다.

다행히 봄이다. 새로운 결심 앞에 따뜻한 햇살이 고마운 날이다. 소록도 숲길의 고운 흙을 밟으며 겨울 땅을 버티고 뚫은 그 수많은 숲 속의 나무와 풀과 꽃의 새순을 다시 바라본다.

서울 여자, 시골 선생님 되다

나의 봄날은 이렇게

삼월, 금요일마다 비가 온다.

우리 학교 국어과 선생님들 모두는 비 오는 날을 좋아하고, 특히 주선 선생님에겐 동동주와 파전이 더없이 생각나는 날이다. 금요일에는 3교시에 수업이 끝난다. 나는 올해 보충수업을 하지 않고, 담임도 하지 않으니 금요일 11시만 되면 이미 마음은 퇴근이다. 그래서 도자기를 하며 식당을 운영하는 포두의 한 식당으로 모두 갔다. 창밖에 봄비는 내리고, 수제비와 파전을 시켜놓고 지난 한 달간의 수업 이야기를 했다.

국어교사 8년차, 우리 학교 만기라서 올해가 이곳에서 마지막이다. 1학년은 스물두 명, 2학년은 열여덟 명의 수준이 비슷한 아이들을

4. 문학 이야기를 하다

대상으로 하고 싶은 수업을 하고 있다. 마침 올해부터 선정된 창비 문학과 국어 교과서도 좋아서 교과서대로 진도를 나갈 수 있게 되었다. 다만 문학작품의 지문이 잘려 있는 것은 전문을 복사해 나누어주고 있다. 김수영의 시를 찾아서 나누어주며 토론수업을 하고 신경림의 비평문을 읽었다. 권정생의『한티재 하늘』수업을 하면서 이계삼 선생님의 칼럼을 함께 읽었다. 김려령의『완득이』영화도 보고, 소설도 수업시간에 다 읽고 토론을 하였다. 한 달에 한 권씩 단행본을 읽고 그달의 마지막 날 토론수업을 하기로 했는데, 박완서의『배반의 여름』과 김소진의『자전거 도둑』단편집을 모두 읽어 독서토론도 잘되었다.

각 학급의 국어부장이 수업 전에 미리 걷어주니 핸드폰을 만지는 아이도 없고, 수업시간에 자는 아이도 없다. 여러 가지 토론수업과 발표수업으로 진행하니 말을 적게 해도 아이들이 적극적으로 이야기를 쏟아내어 잘 주워서 정리를 해주면 된다. "선생님 수업 이야기를 선배들한테 들었는데 참 좋아요." 하는 반응도 많다.

불과 몇 달 전, 작년 말, 내 문학수업이 얼마나 힘들었는지 모르고 하는 소리다. 오는 6월에는 문학수업 시간에 자주 다루는『유랑가족』의 소설가 공선옥이 학교에 온다. 우리는 그때까지 공선옥의 소설을 마음껏 읽고 토론하고 기다리고 있을 것이다.

내년까지 우리 학교에 남기 위해서는 고3 담임을 하거나 기숙사 사감을 하거나 연구학교 주무를 하라고 했다. 그러나 국어수업에 집중하고, 독서교육을 이 학교에서 내실 있게 해보고 싶어 고민 끝에 문화부장을 맡았다. 학년 말 축제와 학부모 대상 평생교육, 내실 있게 독서교육을 하면 되기 때문에 즐겁게 그 일을 수락했다.

3층 국어교사실에는 세 명의 국어교사가 함께한다. 주로 책과 교과서를 읽고 수업 준비를 한다. 고요하다. 작년에 담임을 맡았던 아이들도 고3이 되어 열심히 공부한다. 담임이 아니어서인지 무척 관대해진 내 스스로가 그 아이들을 즐겁게 만나고 있다.

수학여행을 서울로 가기로 해서 '문학 속에 나타난 서울'을 정리했다. 이 년 전 시도했던 모둠별 서울 수학여행이 많이 생각났다. 서울 길을 걸으며 문학과 사람들 생각을 하고 싶어졌다. 그런데 입찰 과정에서 문제가 생겼다며 결국 1학년은 수학여행이 취소되었다. 한 가지 일을 준비할 때 얼마나 세심한 준비가 필요한지 다시 한 번 생각하게 해준다.

2학년이라는 학년의 특징이 그러한 것인지 올해도 2학년 아이들은 준비과정에서부터 여러 가지 문제 제기를 담임선생님에게 하고 있다.

학생들과 신뢰 관계를 만들고, 서로 존중하며 일 년 동안 교육활동을 이끌어나가는 것의 어려움을 지켜보게 되었다.

올해도 수요일마다 평생교육관에서 일반인들을 대상으로 독서토론을 한다. 이번 주는 김승옥의 단편 「무진기행」을 이야기한다. 토요일에는 중2를 대상으로 독서토론을 한다. 나는 나대로 학교 일에 바쁘고, 중학생이 되더니 책을 잘 안 읽는 큰딸 때문에 만든 독서모임이다. 이번 주는 조재도의 『이빨자국』이다. 둘째딸도 고흥으로 귀농한 명인언니가 이끄는 독서토론에 잘 참여한다.

그리고, 토요일 2시에는 소록도를 걷는다. 일반인이 들어가지 못하는 그 고요한 숲길에서 봄꽃을 많이 만났다. 김유정의 소설 「동백꽃」의 진짜 꽃 이름인 생강나무꽃, 매화와 진달래꽃눈, 제비꽃과 사스레 피나무의 종 모양 꽃을 만난다.

그 길을 걷게 해준 소록도 간호사 언니, 이제 고흥으로 온 지 두 달 된 나의 오랜 선배 언니, 마흔이란 여자 나이를 생각하며 다니던 학원에 사표를 낸 언니와 걸었다. 봄바람은 불었지만 햇살은 따뜻했다.

내가 많이 편안해졌다. 목소리를 줄이고, 천천히 걸을 수 있게 되었다. 하고 싶은 일에 집중할 수 있어서이다. 그리고 무엇보다 할 수 없는 일들을 버렸기 때문이다.

세상에 봄눈이 내린다. 벚꽃이다. 하얗게 눈부신 봄날이 다시 찾아왔다.

국어교사로 살면서 다시 새롭게 사람들과 아이들과 세상을 만날 수 있어서 행복하다. 부조리한 교육제도는 강고하고, 나의 힘과 능력과 열정은 미비하나 다시 이 꽃길을 걷겠다. 내가 만나는 아이들 몇 명이라도 나를 마음속으로 생각하는 아이들이 있었으면 좋겠다. 나도 마음속으로 좋아하는 선생님들을 닮아가려고 노력하며 살고 싶다.

하늘에도 땅에도 봄눈이다. 이 아름다운 풍경도 곧 눈처럼 사라질 것임을 안다. 그러니 고맙고 고마운 마음으로 이 계절을 누리겠다.

▶ **교과서 밖에서 만나는 역사 교실**
상식이 통하는 살아 있는 역사를 만나다

 전봉준과 동학농민혁명
조광환 지음 | 336쪽 | 값 15,000원

 남도의 기억을 걷다
노성태 지음 | 344쪽 | 값 14,000원

 응답하라 한국사 1·2
김은석 지음 | 356쪽·368쪽 | 각권 값 15,000원

 즐거운 국사수업 32강
김남선 지음 | 280쪽 | 값 11,000원

 즐거운 세계사 수업
김은석 지음 | 328쪽 | 값 13,000원

 강화도의 기억을 걷다
최보길 지음 | 276쪽 | 값 14,000원

 광주의 기억을 걷다
노성태 지음 | 348쪽 | 값 15,000원

 선생님도 궁금해하는
한국사의 비밀 20가지
김은석 지음 | 312쪽 | 값 15,000원

 걸림돌
키르스텐 세룹-빌펠트 지음 | 문봉애 옮김
248쪽 | 값 13,000원

 교과서 밖에서 배우는 역사 공부
정은교 지음 | 292쪽 | 값 14,000원

 팔만대장경도 모르면 빨래판이다
전병철 지음 | 364쪽 | 값 16,000원

 빨래판도 잘 보면 팔만대장경이다
전병철 지음 | 360쪽 | 값 16,000원

 영화는 역사다
강성률 지음 | 288쪽 | 값 13,000원

 친일 영화의 해부학
강성률 지음 | 264쪽 | 값 15,000원

 한국 고대사의 비밀
김은석 지음 | 304쪽 | 값 13,000원

 조선족 근현대 교육사
정미량 지음 | 320쪽 | 값 15,000원

 다시 읽는 조선근대교육의 사상과 운동
윤건차 지음 | 이명실·심성보 옮김 | 516쪽 | 값 25,000원

 음악과 함께 떠나는 세계의 혁명 이야기
조광환 지음 | 292쪽 | 값 15,000원

▶ **창의적인 협력수업을 지향하는 삶이 있는 국어 교실**
우리말 글을 배우며 세상을 배운다

 중학교 국어 수업 어떻게 할 것인가?
김미경 지음 | 340쪽 | 값 15,000원

 토론의 숲에서 나를 만나다
명혜정 엮음 | 312쪽 | 값 15,000원

 토닥토닥 토론해요
명혜정·이명선·조선미 엮음 | 288쪽 | 값 15,000원

 이야기 꽃 1
박용성 엮어 지음 | 276쪽 | 값 9,800원

 이야기 꽃 2
박용성 엮어 지음 | 294쪽 | 값 13,000원

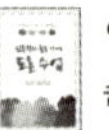 인문학의 숲을 거니는 토론 수업
순천국어교사모임 엮음 | 308쪽 | 값 15,000원

▶ **남북이 하나 되는 두물머리 평화교육**
분단 극복을 위한 치열한 배움과 실천을 만나다

10년 후 통일
정동영·지승호 지음 | 328쪽 | 값 15,000원

선생님, 통일이 뭐예요?
정경호 지음 | 252쪽 | 값 13,000원

분단시대의 통일교육
성래운 지음 | 428쪽 | 값 18,000원

김창환 교수의 DMZ 지리 이야기
김창환 지음 | 264쪽 | 값 15,000원

▶ **출간 예정**

근간 **한글혁명**
김슬옹 지음

근간 **세계 교육개혁의 빛과 그림자**
프랭크 애덤슨 외 지음 | 심성보 외 옮김

근간 **서울 마을교육공동체 만들기**
박동국 외 지음

근간 **민·관·학 협치 시대를 여는
마을교육공동체 만들기**
김태정 지음

근간 **학교를 개선하는 교장**
마이클 풀란 지음 | 서동연·정효준 옮김

근간 **혁신학교 사전**
송순재 외 지음

근간 **민주시민을 위한 역사교육**
황현정 지음

근간 **미국의 진보주의 교육 운동사**
윌리엄 헤이스 지음 | 심성보 외 옮김

근간 **왜 학교인가**
마스켈라인 J. & 시몬 M. 지음 | 윤선인 옮김

근간 **경기의 기억을 걷다**
경기남부역사교사모임 지음

근간 **핀란드 교육의 기적은 어떻게 만들어지나**
Hannele Niemi 외 지음 | 장수명 외 옮김

근간 **함께 만들어가는 강명초 이야기**
이부영 외 지음

근간 **역사 교사로 산다는 것은**
신용균 지음

근간 **민주주의와 교육**
Pilar Ocadiz, Pia Wong, Carlos Torres 지음 | 유성상 옮김

근간 **고쳐 쓴 갈래별 글쓰기 1**
(시·소설·수필·희곡 쓰기 문예 편)
박안수 지음(개정 증보판)

근간 **고쳐 쓴 갈래별 글쓰기 2**
(논술·논설문·자기소개서·자서전·독서비평·
설명문·보고서 쓰기 등 실용 고교용)
박안수 지음(개정 증보판)

근간 **어린이와 시 읽기**
오인태 지음